Hamburger Abendblatt edition
den norden entdecken!

KLEINE

DIE SCHÖNSTEN NORDDEUTSCHEN HOTELS UND

FLUCHTEN

PENSIONEN FÜR DIE GANZE FAMILIE

LIEBE LESERINNEN UND LESER

Die Reihe „Kleine Fluchten“ ist seit vielen Jahren die beliebteste Rubrik im Reiseteil des Hamburger Abendblattes. Denn dort werden schöne Hotels und Pensionen aus der Region vorgestellt, die man in wenigen Stunden mit dem Auto oder der Bahn erreichen kann. Viele dieser Häuser punkten mit gemütlichen Zimmern, einer idyllischen Lage, erstklassigem Service, einem überzeugenden Wellnessangebot oder exquisiter Küche. 200 solcher Adressen bieten wir Ihnen bereits in Buchform an, aufgeteilt auf vier Bände mit unterschiedlichem Schwerpunkt. Nun halten Sie mit diesem Buch noch einen weiteren Band in den Händen, der vor allem für Familien gedacht ist. Alle 40 hier vorgestellten Unterkünfte heißen Eltern mit Kindern herzlich willkommen, die meisten haben für ihre kleinen Gäste besondere Angebote im Programm. Als ideale Ergänzung dazu führen wir Sie auch zu den schönsten Freizeit- und Erlebnisparks im Norden. Denn die sind vor allem für Familien ein Erlebnis. Fahren Sie los, und erkunden Sie mit Ihren Kindern Hamburgs Umland.

Viel Freude dabei wünscht Ihnen

Ihr Claus Strunz

Chefredakteur des Hamburger Abendblattes

INHALT

HOTELS KÜSTE

Legende

Haustiere erlaubt (bitte vorab informieren)

Raucherzimmer auf Anfrage vorhanden

Restaurant/Bistro

Parkplätze auf Anfrage vorhanden

Behindertengerechte Zimmer auf Anfrage vorhanden

HOTELS BINNENLAND

FREIZEITANGEBOTE

KÜSTE

„Wir fahren ans Meer“: So ein Satz genügt, um die Familie auf Trab zu bringen. Denn kaum ein anderer Begriff ist so sehr gleichbedeutend mit „Urlaub“, selbst wenn man nur für ein bis zwei Tage an die Nord- oder Ostsee fährt. Dabei spielt es noch nicht einmal eine Rolle, ob es schon warm genug zum Baden oder noch stürmisch oder gar eisig ist: Der weite Horizont, das Kreischen der Möwen am Strand und die gute Luft machen die Sinne frei und lassen einen den Alltagsstress schnell vergessen. Kinder lieben das Wasser, selbst wenn sie nicht sofort reinspringen können. Und die Eltern dürfen mal wieder richtig durchatmen. Krabben pulen, ein Fischbrötchen essen, Robben bestaunen, am Strand Muscheln oder Bernstein sammeln: All das kann zum Kurztrip an die Küste gehören. Und die ist nun wirklich nicht weit von Hamburg entfernt.

HOTELÜBERSICHT KÜSTE

DAS AHLBECK
RESTAURANT

DAS AHLBECK HOTEL & SPA

LOGENPLATZ AM MEER

Die weiße Villa liegt direkt an der Promenade und nur 50 Meter vom Strand entfernt.

Ob Segeltörn oder Wanderung auf den Streckelsberg, wo sich der Sage nach Störtebeker versteckt haben soll: Usedom lockt mit zahllosen Möglichkeiten, gerade auch für Familien. Um die vielfältige Insel zu erkunden, ist „Das Ahlbeck" im gleichnamigen Kaiserbad auf Usedom direkt an der Seeuferpromenade ein interessanter Ausgangspunkt. Dem Haus kommt geschichtliche Bedeutung zu, denn die historische Villa wurde 1884 als Hotel Seeschloss erbaut und leitete somit den Beginn des Seebades Ahlbeck ein. Nach wechselvoller Nutzung hat sich das Haus mit seinem klassizistischen Äußeren und dem modernen Innenleben heute erneut zu einem exklusiven Hotel verwandelt.

An die helle Fassade mit ihren verzierten Säulen und den Rundbogenfenstern wurde ein großzügiger moderner Erweiterungsbau mit kantigen Fenstern und Balkonen gesetzt; dieser Teil des Hotels beherbergt die am schönsten geschnittenen Zimmer. Seit 2006 stehen auf vier Etagen 18 Doppelzimmer und 31 Suiten zur Verfügung. Bei der Gestaltung

des Innenbereichs setzte man bewusst auf ein klar strukturiertes, reduziertes Design. Bei den verwendeten Materialien wurde besonderen Wert auf Qualität gelegt, etwa auf edle Hölzer wie Wenge, Eiche und Buche, ergänzend legte man exklusive französische Teppiche aus. Das dunkelbraune Mobiliar kontrastiert zum hellen Fußboden aus Bambusholz. Stilelemente und Einrichtungsgegenstände sind farblich in Apfelgrün, Türkis, Orange und Lila gehalten und setzen diese wirkungsvoll in Szene. Etwas schrill im Retrolook wirkt die silberne Tapete mit ihrem großen Blumenmuster. Ein wenig verspielt ist das weiße Baldachintuch, das Wand und Decke ziert und einen Hauch Romantik erzeugt. Mittelpunkt des Raumes ist der per Fernbedienung ein- und ausschaltbare Gaskamin hinter Glas, der auch an kühleren Tagen für wohlige Temperaturen sorgt. Der 1200

Quadratmeter große Spa- und Wellnessbereich ist das Herzstück des Hotels. Durch die große Glaskuppel fällt viel Licht in das 20 Meter lange Schwimmbad, zudem stehen Außensauna, Sanarium, Dampfbad und Tepidarium sowie ein begrüntes Sonnendeck zur Erholung bereit. Christian Gottstein verwöhnt die Gäste mit traditioneller, französischer Küche, die durch moderne Einflüsse überrascht. Verwendet werden ausschließlich frische, regionale Produkte. Kulinarische Herausforderungen meistert der Küchenchef, der nahe der Schweizer Grenze aufgewachsen ist, ganz sportlich: Sein Können, das er bereits im Rahmen von Formel-1-Rennen, ATP-Tennisturnieren und internationalen Firmenpräsentationen unter Beweis stellte, bringt er auch im Ahlbeck souverän ein.

Direktorin Petra Bensemann, die in Heringsdorf geboren wurde, hat 2007 die Leitung des Hotels übernommen. „Ganz nahe am Gast sein" ist ihr Motto. Das kommt gut an: Unter ihrer Federführung wurde das Hotel vom Deutschen Wellnessverband mit dem Prädikat „exzellent" ausgezeichnet, wozu sicher auch das reichhaltige Frühstückbüfett, der freundliche Service sowie die schöne Terrasse mit ihren XXL-Strandkörben beigetragen haben.

Michael Pasdzior

ADRESSE

Das Ahlbeck Hotel & Spa
Dünenstraße 48
17419 Seebad Ahlbeck
Tel. 038378/499 40
Fax 038378/499 49 99
info@das-ahlbeck.de
www.das-ahlbeck.de

PREISE

DZ 110 bis 270 Euro
Apartment (1–3 Zimmer)
154 bis 392 Euro

EC- und Kreditkartenzahlung möglich

BESONDERHEITEN

Privater Spa-Bereich mit Serailzeremonie, doppeltem Whirlpool und warmen Steinliegen, Wellnessangebote mit Sanddorn und Stutenmilch

FAMILIENPUNKTE

Das Hotel liegt nur 50 Meter vom Strand entfernt; viele Ausflugsziele für Kinder: Eisbahn Heringsdorf, Kletterwald Usedom, Schmetterlingsfarm Trassenheide und Wisentgehege Usedom

P
Willkommen auf der Sonneninsel Usedom
London
Usedom
SEEHOTEL
AHLBECKER HOF
HGW PS 919

ROMANTIK SEEHOTEL & RESIDENZ AHLBECKER HOF

NOSTALGIE UND LUXUS

Der „Ahlbecker Hof" auf Usedom bietet direkte Strandlage, viel Charme und modernen Komfort.

Der Ahlbecker Hof auf Usedom zählt zu den schönsten und traditionsreichsten Hotels der Insel; nicht ohne Grund diente die eindrucksvolle Fassade schon häufig als Filmkulisse. 1890 erbaut, blickt das Haus heute auf eine wechselvolle Geschichte zurück. Viele bekannte Persönlichkeiten waren und sind hier gern zu Gast. Die Lage unmittelbar an der Promenade bietet einen herrlichen Blick auf die Ostsee, den berühmten, über 100 Jahre alten Pavillon auf der Seebrücke und den breiten Sandstrand. Seit 1994 gehört der Ahlbecker Hof zur Seetel-Hotelgruppe; nach umfangreicher Restaurierung wurde er im Frühjahr 1996 wiedereröffnet.

Um die Innenausstattung des Hauses möglichst originalgetreu wiederherzustellen, hatte man in ganz Europa nach dem passenden Mobiliar gesucht. Fündig wurde man vor allem in Italien, Spanien und England. Aufgrund der Denkmalvorschriften sind die Zimmer für heutige Maßstäbe eher klein – aber dafür mit kostbaren Seidentapeten und breitem Bett ausgestattet. In den marmorgekachelten Bädern fließt das

Wasser aus vergoldeten englischen Armaturen. Wer es größer mag, kann in den Anbau ausweichen. Im ehemaligen Weinhaus Junker befinden sich sechs geräumige Doppelzimmer und zwölf Suiten mit eigenem Whirlpool. In der Villa Anna, dem dritten Gebäude des Ahlbecker Hofs, befinden

sich außerdem fünf Apartments. Sie werden vor allem von Familien gern gebucht. Ein Kaminzimmer mit Hausbibliothek im Erdgeschoss lädt zum Lesen ein. Entspannung vom Feinsten bietet die großzügige Spa- und Wellnesslandschaft im Untergeschoss mit Schwimmbad und verschiedenen Saunen.

Im edel gestalteten Restaurant kann man sich beim Frühstück am reichhaltigen Büfett bedienen. Aber erst am Abend entfaltet sich der ganze Zauber dieser wunderschönen Räumlichkeiten. Dann sind sie auch die Heimat des Gourmetkochs Hark Pezely, der bevorzugt Produkte der Region mit Wildkräutern verarbeitet. Der in Husum geborene Küchenchef blickt auf eine lange Erfahrung zurück. Seine Lehre absolvierte er im „Fürstenhof" in Celle und war später bei Jörg Müller in Westerland tätig. Von 1994 bis 1998 war er für das Essen der Fußballmannschaft von Borussia Dortmund im Hotel „Lenhof" zuständig, worauf er besonders stolz ist. Geboten wird eine À-la-carte-Auswahl und ein täglich wechselndes drei- bis fünfgängiges Menü.

Wer nach den kulinarischen Highlights Bewegung benötigt, findet auf der Sonneninsel Usedom viele Möglichkeiten. Der lange feine Strandstrand ist vor allem für Familien mit kleineren Kindern ideal. Nach Sandburgenwettbewerben oder einem Bad in der Ostsee kann man sich im windgeschützten Strandkorb erholen. Auch eine Schifffahrt nach Wolgast, eine Fahrradtour in den Naturpark Zinnowitz oder ein Besuch der größten Schmetterlingsfarm Europas sind lohnende Ziele für Groß und Klein.

Wer einen besonders schönen Ausflug machen möchte, dem sei noch eine unvergessliche Fahrt im hauseigenen Oldtimer-Bus, Ford Esquith von 1930, durch die zauberhafte Landschaft Usedoms empfohlen.

Michael Pasdzior

ADRESSE

Romantik Seehotel & Residenz
Ahlbecker Hof
Dünenstr. 47
17419 Seebad Ahlbeck
Tel. 038378/620
Fax 038378/621 00
ahlbecker-hof@seetel.de
www.seetel.de

PREISE

EZ ab 95 Euro
DZ ab 127 Euro
Apartment (2 Zi.) ab 171 Euro
Suite ab 195 Euro

EC- und Kreditkartenzahlung möglich

BESONDERHEITEN

Gourmetrestaurant mit regionalen Akzenten; französisches Bistrorestaurant; Wintergarten-Restaurant mit authentischer Thai-Küche; Wellnesslandschaft mit Schwimmbad, Mitglied bei Chaîne des Rôtisseurs

FAMILIENPUNKTE

Hallenbad (14 x 6 Meter); Strandkorb- und Fahrradverleih; geführte Fahrradtouren; Oldtimer-Fahrten durch die Kaiserbäder; feinsandiger Ostseestrand; viele Sport- und Freizeitmöglichkeiten

HOTEL MIT »GUTE LAUNE«-LAGE

Ob Baden, Burgenbauen oder lange Spaziergänge: Das „Strandhotel Bansin“ mit seinem feinen, weißen Sandstrand erfüllt die Urlaubswünsche aller Familienmitglieder.

Einfach unglaublich süß, diese Puschen. Plüschig und quietschgelb schmücken sie viele kleine Kinderfüße im „Travel Charme Strandhotel Bansin“. Dazu passend gibt es einen hübschen blauen Bademantel und Badetücher im Piratendesign. Eigentlich sind das nur Details, aber sie zeigen, wie ernst Kinder hier in diesem Familienhotel auf der Insel Usedom genommen werden. Das fängt schon bei der Rezeption an. In der lichtdurchfluteten Lobby führt eine kleine Holztreppe zum Empfangstresen hoch. Unsere Söhne können so auf gleicher Höhe mit der Hotelangestellten reden. „Kinder haben doch auch Urlaub“, sagt Hoteldirektorin Beate Böse, die seit 2008 das Haus leitet und selbst drei Kinder hat. Seit der Eröffnung des mediterran anmutenden Hotels 2002 wurde das Angebot bewusst für junge Familien mit gehobenen Ansprüchen ausgebaut. Hier gehen Eltern hin, die etwas Luxus wollen und es leid

sind, sich für jeden Laut ihres Nachwuchses entschuldigen zu müssen. Kindergejohle stört hier niemanden – und das entspannt Eltern.

Die Lage ist ideal, es gibt keine gefährlichen Straßen, das Hotel, das in drei Flügel unterteilt ist, ist das letzte in der Reihe von Häusern des Seeheilbads, danach kommt nur Natur. Von den schön angelegten Steinterrassen fallen wir quasi auf den breiten, weißen Ostseestrand, der zu Spaziergängen in Richtung Heringsdorf einlädt. Der Blick auf den Strand begleitet die Gäste durch die ganze Anlage. Überall gibt es riesige Panoramafenster, im Restaurant „Gabbiano" hat man das Gefühl, in einem Schiff zu sitzen – so nah ist das Meer. Auch hier gibt es für Kinder sprichwörtliche Extrawürste. Denn sie können im Kinderrestaurant essen. In diesem „kulinarischen Kinderreich" mit kleinen Stühlen, Spielzeug und Malsachen sind die Gerichte ganz auf die Wünsche der kleinen Gäste abgestimmt. Für das „große" Büfett kreiert Küchenchef Mario Mantovani inspirierende Köstlichkeiten, die jeden Abend unter einem anderen Motto stehen. Dabei verwendet er möglichst Zutaten aus der Region. Besonders angetan hat uns jedoch das Frühstück

DER TAGES
Kirche
Bild

mit frischen Eierspeisen, Früchten und einer riesigen Auswahl an Marmeladen.

Sehr empfehlenswert sind die Familienzimmer, die mit fast 50 Quadratmetern viel Platz bieten. Kinder schlafen im Extrazimmer in Kinderbettwäsche, es gibt für sie einen eigenen Spieltisch und Tritterhöhungen vor dem Waschbecken – da hat jemand wirklich mitgedacht.

Ein Lieblingsort der Kleinen wird schnell der „Kinderclub Cäpt'n Sharky". Die vier Zimmer bieten viel Freiraum zum Basteln, Malen und Spielen. Einer der Räume ist mit Kicker und Spielkonsole bewusst für die Älteren eingerichtet. Vier Mitarbeiterinnen kümmern sich um die individuellen Wünsche der Zwei- bis Zwölfjährigen. „Das hier ist elternfreie Zone, Kinder brauchen auch mal ihren eigenen Raum", sagt Kinderclub-Leiterin Kerstin Tack. Treffpunkt für beide Generationen ist dann wieder der Wellnessbereich mit dem 105 Quadratmeter großen Schwimmbad, den gemütlichen Strandmuscheln zum Kuscheln und einem gigantischem Ausblick auf die Ostsee. In den drei Saunen – Aroma- und Kristalldampfbad sowie finnische – sind die Kinder auch willkommen.

So vergeht schnell der Tag, den Eltern abends vor dem knisternden Kamin im Barbereich ausklingen lassen können, während die Kinder in der gemütlichen Fernsehecke einen Film schauen oder mit ihren neuen Freunden Verstecken spielen.

Sabine Tesche

ADRESSE

Travel Charme Strandhotel Bansin
Bergstraße 30
17429 Seeheilbad Bansin
Tel. 038378/80 00
Fax 038378/80 01 11
strandhotel-bansin@
travelcharme.com
www.travelcharme.com

PREISE

EZ 90 bis 177 Euro
DZ 64 bis 126 Euro pro Person
DZ Komfort 105 bis 266 Euro pro Person
Familienzimmer 96 bis 266 Euro pro Person
Suite 220 bis 399 Euro pro Person

EC- und Kreditkartenzahlung möglich

BESONDERHEITEN

Direkte Strandlage, großes Schwimmbad mit Panoramablick, ebenso Panoramafenster im Restaurant, Penthouse-Suite (67 qm) mit Kamin, Whirlpool, Duschtempel und riesiger Terrasse

FAMILIENPUNKTE

Extra Kinderempfang; schön gestalteter Kinderclub für Zwei- bis ca. Zwölfjährige mit individueller Betreuung; Sauna ist für Kinder offen, Kindermassagen; Kinderrestaurant (in den Ferien betreut), schöne Familienzimmer und -suiten; kleine Geschenke für Kinder, Kinderbademäntel, Kinder-Fernsehecke in der Nähe der Bar

YACHTHAFENRESIDENZ HOHE DÜNE

MARITIME OASE MIT RUNDUM-MEERBLICK

Auszeit vom Alltag – in der exklusiven Hotelanlage fühlen sich auch Familien wohl.

Schon bei der Ankunft wird deutlich, dass die „Yachthafenresidenz Hohe Düne" kein Hotel wie viele andere ist. Gleich ein ganzes Ensemble von Gebäuden in offener und filigraner Bauweise verteilt sich auf einem großen Areal, das sich in exponierter Lage direkt an der Ostseeküste befindet. Eingebettet zwischen der Hafeneinfahrt an der Warnow, dem neuen Yachthafen und den Sandstränden liegt der Konferenz-, Wellness- und Hotelkomplex auf einer halbinselartigen Landzunge. An der Spitze führt eine rund 700 Meter

lange Mole hinaus in die See bis zum Leuchtturm. Von dort sowie von den meisten Zimmern aus ergibt sich ein wunderbarer Ausblick auf die ein- und ausfahrenden Fähren und Kreuzfahrtschiffe. Im Zentrum der Anlage befindet sich der Empfangsbereich mit einer klassischen Hotelbar und schweren Ledermöbeln, massiven Tischen und einem Kamin. Auch ein Flügel hat hier seinen Platz – nachmittags und abends gibt es Livemusik. Eine bis zur Decke reichende Bücherwand verleiht dem gegenüberliegenden Bereich den Charakter eines stilvollen Herrenclubs. Dazwischen öffnet sich die Lobby und gibt den Blick frei zur Marina mit ihren rund 750 Liegeplätzen. Zwei vorgelagerte Pavillons geben dem Ensemble das Aussehen einer südländischen Piazza. Das Hotel verfügt insgesamt über elf verschiedene gastronomische Einrichtungen: Vom ausgezeichneten Feinschmeckerrestaurant „Der Butt“ bis hin zur „Brasserie“ werden Gaumenfreuden für jeden Geschmack geboten – zu einem hervorragenden Preis-Leistungs-Verhältnis. Die 368 exklusiven Hotelzimmer der gehobenen Sterne-Kategorie befinden sich in den beiden oberen Etagen des Hotels sowie in drei Residenzen, die mit dem Haupthaus durch verglaste

Wandelgänge verbunden sind. Die maritim eingerichteten Zimmer fallen mit mindestens 38 Quadratmetern groß aus und bieten viel Komfort. Großzügige Balkone, mit Teakholz belegt, laden zum Genießen der Aussicht ein. Während die Eltern im preisgekrönten „Hohe Düne Spa“ im Schwimmbad bei knisterndem Kaminfeuer oder in der großzügigen Saunalandschaft entspannen, toben die Kids im riesigen Kinderschiff „Elvira“ – herzliche Betreuung der „Elvira“-Crew inklusive. Der Käpt'n Blaubär Club bietet Kindern von drei bis zwölf Jahren ein abwechslungsreiches und spannendes Programm sowie zweimal täglich Badespaß im „Hohe Düne Spa“. Auch an die Älteren ist gedacht: der Jugendclub Käpt'n Hook bietet für 13- bis 16-Jährige neben einer Chillout-Lounge auch viel Action, von Billard und Tischfußball bis hin zu zahlreichen Sportevents. Die ganz Kleinen (null bis drei Jahre) sind im Käpt'n

ELVIRA

Kuddel Kuschelparadies bestens aufgehoben; professionelle Betreuung ist auf Anfrage möglich. Generell wird im Hotel Kinderfreundlichkeit groß geschrieben – von altersgerechten Angeboten bis hin zum Kinder-Service-Paket (mit Wickelauflage, Steckdosensicherungen, Babywanne etc.) ist an alles gedacht. Außer dem direkt vor dem Hotel gelegenen Strand locken in der näheren Umgebung viele Ausflugsmöglichkeiten – etwa ein Kletterwald oder der Rostocker Zoo mit interessantem Unterhaltungsprogramm und Experimentierstationen.

Detlef Berg

ADRESSE

Yachthafenresidenz Hohe Düne
Am Yachthafen 1
18119 Rostock-Warnemünde
Tel. 0381/504 00
Fax 0381/50 40 60 99
info@yhd.de
www.hohe-duene.de

PREISE

EZ ab 135 Euro
DZ ab 175 Euro
Familienzimmer ab 210 Euro
Suite ab 260 Euro

EC- und Kreditkartenzahlung möglich

BESONDERHEITEN

2400 qm großer, mehrfach ausgezeichneter Wellnessbereich inklusive Schwimmbad (22 x 10 m) mit kleinen Separees und offenem Kamin; Dachterrasse mit Blick auf die Ostsee; Gourmetrestaurant

FAMILIENPUNKTE

Großes Angebot für Kinder aller Altersgruppen: Käpt'n Kuddel für die ganz Kleinen (0 – 3 Jahre), betreuter Käpt'n Blaubär Club (3 – 12 Jahre) mit abwechslungsreichem Programm und Kinderschwimmen, Käpt'n Hook Jugendclub für 13- bis 16-Jährige mit Sportevents und Chillout-Lounge

GRAAL-MÜRITZ
HOTEL, SPA & TAGUNGEN
IFA
IFA

IFA HOTEL GRAAL-MÜRITZ

WOHLFÜHLEN LEICHT GEMACHT

Das an kilometerlangem, weißem Ostseestrand gelegene Hotel ist zu jeder Jahreszeit einladend.

Man riecht und hört die Ostsee bereits, sobald man aus dem Auto steigt. Nur sehen kann man sie noch nicht. Doch das ändert sich, sowie man aus dem Zimmerfenster blickt. Das „Ifa Hotel Graal-Müritz" liegt in einem Wäldchen an der Ostsee, nur die feinsandigen Dünen trennen es vom kilometerlangen Sandstrand. Der Wind peitscht den Regen über den Strand und auf den kleinen Balkon, während die Ostsee mit heftigen Wellen an das Ufer schwappt. Kein Wetter also, um sich unnötig lange draußen aufzuhalten, finden die Kinder. Also rein in die kuscheligen weißen Bademäntel – jetzt lockt das 30 Grad warme Schwimmbad, das mit seinen 25 x 10 Metern groß genug ist, um darin problemlos lange Bahnen zu schwimmen. Das Licht ist gedämpft, und so wirkt die Besonderheit dieses Bades noch mystischer – die Grotte. Ein Teil des Beckens ist überdacht und für junge Abenteurer natürlich ein großer Spaß. Die Saunalandschaft mit Dampf-, Trocken- und Biosauna interessiert sie dagegen etwas weniger. Das trifft sich gut, da hier Kinder bis 14 Jahren nur

in Begleitung ihrer Eltern reindürfen. Angenehm durchgewärmt geht es dann in den Spa-Bereich, wo man sich zu sphärischer Musik mit wohligen Rückenmassagen verwöhnen lassen kann. Schließlich macht sich auch der Hunger bemerkbar. Mit etwas Glück kann man im Restaurant „Orangerie“ einen der begehrten Plätze im Wintergarten ergattern. Die Küche variiert; geboten werden beispielsweise italienische Spezialitäten. Das Küchenteam hat köstliche Antipasti aufgetischt, es gibt Bruschetta, Pasta aus dem Parmesanlaib, gebratene Thunfischfilets, die vor den Augen der Gäste zubereitet werden, dazu auch Lammkoteletts, Hähnchen und unterschiedlichste Beilagen. Getränke werden serviert, der aufmerksame Ober bringt auf Wunsch der Kinder noch Eis, gleich eine ganze Schüssel. Danach ist noch Zeit für eine Runde Billard. Im Untergeschoss des Hotels gibt es einen Spiel- und Freizeitbereich, in

dem sich die Kinder nach dem Essen vergnügen können, während die Eltern in die Kaminbar zum Tanzen gehen. Ein Billardtisch und ein Tischkicker sind der Renner, und auch kleinere Kinder finden viele Spielsachen. Für ihre Eltern, die hier gern die Zeit nutzen, um ein bisschen zu lesen, stehen gemütliche Korbstühle bereit. Auch auf dem Spielplatz hinter dem Hotel können sich die Kinder austoben – das Hotelgelände ist umzäunt, sodass der Nachwuchs nicht verloren gehen kann. Im Sommer läuft man einfach ein paar Schritte weiter und hat dann eine ganz natürliche Sandkiste zur Verfügung – den Strand hinter den Dünen. Oder man schwingt sich aufs Fahrrad (kann man im Hotel mieten) und erkundet das nahe gelegene Fischland und den Darß. Die Ostseeluft macht allerdings auch ohne Radeln redlich müde. Die Kinder betten ihr Haupt auf das großzügige Schlafsofa, die Eltern schlafen ebenfalls augenblicklich ein. Meeresrauschen als akustische Kulisse ist das schönste Nebengeräusch bei der Nachtruhe.

Elisabeth Jessen

ADRESSE

IFA Hotel Graal-Müritz
Waldstraße 1
18181 Graal-Müritz
Tel. 038206/730
Fax 038206/73 44 44
graal-mueritz@ifahotels.com
www.ifa-graal-mueritz-hotel.com

PREISE

EZ ab 105 Euro
DZ ab 61 Euro pro Person
Familienzimmer ab 66 Euro pro Person
Suite ab 78 Euro pro Person
Bungalow ab 61 Euro pro Person

EC- und Kreditkartenzahlung möglich

BESONDERHEITEN

Schöner Spa-Bereich mit vielen Wellness- und Kosmetikangeboten; Themenbüfetts; Kaminbar; Live- und Pianomusik; einladende Gartenterrasse

In den Herbst- und Wintermonaten findet an Sonn- und Feiertagen ein Tanztee statt

FAMILIENPUNKTE

Spielzimmer und Freizeitbereich mit Billard, Kicker, Tischtennis etc. Ausflugsziele für Kinder: Karls Erlebnisdorf Rövershagen, Bernsteinmuseum in Ribnitz oder Jagdschloss Gelbensande

GUT KLEIN BOLLHAGEN

EIN LANDHAUS ZUM WOHLFÜHLEN

Aus dem 250 Jahre alten Gutshof wurden einladende Ferienhäuser mit besonderem Flair.

Das „Gut Klein Bollhagen“ liegt inmitten weitläufiger Natur idyllisch in einem kleinen Dorf zwischen den bekannten Ostseebädern Kühlungsborn und Heiligendamm. Beide Orte sind von hier aus mit einem Spaziergang gut zu erreichen. Die mecklenburgische Küste mit ihrem feinen Sandstrand ist vom Gut etwa einen Kilometer entfernt und mit dem Auto leicht anzusteuern. Etwas versteckt an der engen, ruhigen Straße, fernab von Hauptverkehrsstraßen, liegt der alte Gutshof, der vor einigen Jahren zu Ferienapartments umgewandelt wurde und heute vor der Hamburger Rechtsanwältin Heike Stenman und ihrer Tochter betrieben wird. Mittlerweile umfasst die Anlage sieben Häuser und zwei Wohnungen unterschiedlicher Größe.

Der 250 Jahre alte Gutshof war zuletzt in Familienbesitz. Zu DDR-Zeiten wurde der Hof restituiert und von den jetzigen Eigentümern erworben, aufwendig möbliert und exquisit ausgestattet. Hier kann man im gehobenen, englischen Countryside-Stil hervorragend urlauben oder auch nur ein

erholsames Wochenende verbringen. Grund genug für den deutschen Tourismusverband, die exklusive Ferienhausanlage auszuzeichnen. Die geräumigen, vollständig ausgestatteten Küchen bieten alles, um hier seine Mahlzeiten selbst zuzubereiten. Hervorragend funktioniert aber auch der Frühstücksdienst: Man hängt am Abend einen Beutel mit der Bestellliste und dem entsprechenden Geldbetrag an die Wohnungstür; der freundliche Hausmeister erledigt dann netterweise die Einkäufe. Gern darf sich der Gast auch mit Basilikum, Schnittlauch oder Petersilie aus dem hauseigenen Kräutergarten bedienen.

Auf dem weitläufigen Gelände gibt es zahllose Möglichkeiten, erholsame Stunden zu verbringen. Blumenliebhaber können im Rosengarten die Schönheit der Parkanlage genießen. Kinder wollen am liebsten die Welt von ganz oben entdecken und können vom versteckten Baumhaus nicht genug bekommen; das Flüsschen Fulge regt ganz im Sinne von Pfarrer Kneipp zum Wassertreten an. Zudem lädt die schöne Umgebung zu ausgiebigen Fahrradtouren mit hauseigenen Rädern ein; auch eine Runde Golf im nahen Wittenbeck ist möglich. Beliebt sind neben Kutschtouren auch Fahrten mit

dem Dampfzug „Molli" nach Bad Doberan, um dort den beeindruckenden Dom zu besichtigen. Die Haltestelle ist nicht weit vom Gutshof entfernt.

Bei schlechtem Wetter oder in der kalten Jahreszeit kann sich der Gast in der Sauna und im Ruheraum erholen oder im Haus in einem der vielen, bereitliegenden Bücher schmökern und dabei die interessante Auswahl an klassischer Musik in hervorragender Klangqualität genießen. Alle Ferienhäuser verfügen über einen Kamin, der abends eine besonders heimelige Atmosphäre schafft. Rehe und Füchse sagen sprichwörtlich gute Nacht, wenn sie zuweilen spät über das Gelände ziehen. Anliegen der beiden Betreiberinnen ist, „dass die Gäste die Naturverbundenheit spüren, sich in der Schönheit der Umgebung wieder ganz auf sich besinnen und dem Stress des Alltags entfliehen können". Diesem Anspruch werden sie voll und ganz gerecht.

Michael Pasdzior

ADRESSE

Gut Klein Bollhagen
Fulgenweg 3
18209 Klein-Bollhagen
Tel. 040/41 35 20 86
Fax 040/41 35 43 33
info@landleben-am-meer.de
www.landleben-am-meer.de

PREISE

Apartment 55 bis 105 Euro
Haus (2 Pers.) 65 bis 158 Euro
Haus (4 – 6 Pers.) 75 bis 195 Euro

BESONDERHEITEN

Finnische Sauna mit schönem Ruhebereich; für Ayurvedabehandlungen, Massagen und Yoga kann eine Wellnesstrainerin gebucht werden; Fahrradverleih inklusive

FAMILIENPUNKTE

Weitläufige, ländliche Umgebung; Kinder freuen sich über das Baumhaus auf dem Gutsgelände, die Pferdekoppeln und den Reiterhof gleich nebenan; der Strand ist etwa 800 m entfernt

P

GRAND HOTEL HEILIGENDAMM

GROSSES HERZ FÜR KLEINE GÄSTE

Das „Grand Hotel Heiligendamm“ besticht durch ausgeprägte Familienfreundlichkeit.

Familienurlaub im Luxushotel, geht das überhaupt? Im „Grand Hotel Heiligendamm“ wähnt man sich bereits beim Betreten der großzügigen Familien-Suite im Paradies. Auch sonst punktet das exklusive Hotel mit großer Kinderfreundlichkeit. So versammeln sich beispielsweise an den Adventssonnabenden Eltern und Kinder vor den Kaminen in der weihnachtlich geschmückten Lobby zum nachmittäglichen „Teddy Bear Tea“. Eine als Engel verkleidete Kinderbetreuerin nimmt auf einem großen Sessel Platz, um Geschichten vorzulesen. Dabei fällt es leicht, sich verzaubern zu lassen, zumal es auch leckeren Kuchen, Obst und einen Schokoladenbrunnen gibt.

Auch außerhalb der Weihnachtszeit hat das Grand Hotel Heiligendamm ein großes Herz für Familien. Viele junge Paare mit Kindern vom Wickelalter aufwärts zieht es hierher. Auch ganze Familien mit Großeltern treffen sich in dem Haus an der Ostsee, um sich einmal rundum versorgen zu lassen. Wo könnte man das besser als in einem Grandhotel, in dem der Service so unaufdringlich aufmerksam ist, dass

das sogar den Kindern auffällt? Und dann noch direkt an der See! Der 2003 eröffnete Komplex wurde 2007 international bekannt, als George W. Bush und Angela Merkel beim G8-Gipfel hier logierten. Für Schlagzeilen sorgte dann der Ausstieg von Kempinski. Im Mai 2009 übernahm Holger König die Hotelleitung und steuerte das Haus als privat geführtes Hotel wieder in ruhigeres Fahrwasser. Der Beiname „Die Weiße Stadt am Meer", den das Grand Hotel Heiligendamm trägt, erhält in der kalten Jahreszeit einen doppelten Wortsinn: Die Landschaft ist verschneit, der Schnee glitzert in der Sonne. Vor dem „Kurhaus Restaurant" werden Glühwein und Kinderpunsch ausgeschenkt – beides schmeckt besonders gut nach einem Strandspaziergang. Die Kinder zieht es in die von 10 bis 20 Uhr geöffnete Kindervilla mit Betreuung, das wohl größte Geschenk des Hotels an Familien. Auf drei liebevoll

gestalteten Etagen können sich die Kinder frei bewegen. Auch Essen wird hier serviert, falls die Eltern einen Ausflug machen oder sich ungestört im Schwimmbad oder Heiligendamm Spa aufhalten möchten. Kinder sind im Schwimmbad zu festen Zeiten willkommen, gemeinsam mit ihren Eltern können sie aber jederzeit schwimmen. Kulinarisch ist das Hotel in Topform: Die Gäste haben die Wahl zwischen mehreren Restaurants. Im Gourmetrestaurant „Friedrich Franz" kocht Sternekoch Ronny Siewert, etwas legerer geht es in der „Nelson Bar", der „Baltic Sushi Bar" und im „Kurhaus Restaurant" zu, wo regionale Küche serviert und morgens auch das opulente Frühstück eingenommen wird. Familien sind im italienischen Restaurant „Medini's" gut aufgehoben. Die Preise auf der Kinderkarte, zu der die Kinder Malstifte bekommen, sind angenehm moderat. Einzigartige Atmosphäre, exzellenter Service und besondere Aufmerksamkeit überzeugen große und kleine Gäste – das Grand Hotel Heiligendamm ist nicht ohne Grund Mitglied bei „The Leading Hotels of the World" und „Selektion Deutscher Luxushotels".

Elisabeth Jessen

ADRESSE

Grand Hotel Heiligendamm
Prof.-Dr.-Vogel-Straße 6
18209 Bad Doberan-Heiligendamm
Tel. 038203/74 00
Fax 038203/740 74 74
info@grandhotel-heiligendamm.de
www.grandhotel-heiligendamm.de

PREISE

EZ ab 180 Euro
DZ ab 220 Euro
Familienzimmer ab 450 Euro
Suite ab 380 Euro

EC- und Kreditkartenzahlung möglich

BESONDERHEITEN

Großes Spa- und Wellnessangebot, viele Sportmöglichkeiten: Tennissandplätze, hoteleigener Fußballplatz, geführte Wander- und Radtouren, Boccia, Krocket, Kubb, Tischtennis, Tischfußball, Billard, Golfen, Reiten, Segeln und Surfen

FAMILIENPUNKTE

Kinderclub mit verschiedenen Erlebniswelten und Kino; Garten mit vielen Spielgeräten; Literaturwerkstatt und Lesungen für Kids, Kniggekurse für Kinder; Fahrt mit der „Molli"-Bahn

PARK-HOTEL SCHLOSS SCHLEMMIN

MÄRCHENSCHLOSS IM GRÜNEN

In dem liebevoll restaurierten Anwesen mit dem zinnenbewehrten Turm werden Wünsche wahr.

Knorrige Bäume säumen die schmale Straße, die durch die sanft gewellte Landschaft führt. Die grüne Allee scheint nicht enden zu wollen, doch dann steht es plötzlich da in seiner weißen Pracht: ein Schloss wie aus dem Märchen. „Park-Hotel Schloss Schlemmin“, umgeben von einem wunderschönen Park mit seltenen Bäumen, 800 Jahre alten Eichen und vier Kilometern Spazierwegen, erstrahlt seit einigen Jahren wieder in frischem Glanz.

Mehr als fünf Millionen Euro hat Horst Sander, Inhaber eines Möbel- und Einrichtungshauses in Bremen mit über 100-jähriger Familientradition, in das Anwesen in Mecklenburg-Vorpommern investiert. „Nach der Wende entdeckten wir hier eine fantastische Landschaft mit vielen geschichtsträchtigen Bauten in jammervollem Zustand. Wir wollten etwas für den Erhalt der zum Verkauf ausgeschriebenen Schlösser und Herrenhäuser tun. Schlemmin überzeugte uns.“ 1846/50 wurde das Schloss auf den Fundamenten einer alten Wasserburg aus dem 14. Jahrhundert

erbaut, hauptsächlich heimische Handwerker wurden für die Arbeiten herangezogen. Dem Geschmack der Zeit entsprechend entwarf der Berliner Architekt Eduard Knobloch ein Schloss im neugotischen Stil, das selbst dem Hochadel gefiel: Im Sommer 1853 übernachtete hier König Friedrich Wilhelm IV. von Preußen, und auch Friedrich Wilhelm Ludwig, der spätere Kaiser Wilhelm I., war vier Jahre später zu Gast. Bis 1943 war das Gut im Besitz der Grafen zu Solms-Rödelheim.

Nach wechselvoller Nutzung wurde das Schloss schließlich 1999 von Sander entdeckt, der es liebevoll restaurieren ließ. „Alles sollte wieder so werden, wie es einmal war." Nach historischen Vorlagen kam erneut Stuck an die Decken, die Treppengeländer wurden im Zinkdruckguss nachgebildet; selbst die Turmuhr geht heute wieder. Schmuckstück des exklusiven Hotels ist der stuckverzierte Kuppelsaal, den man über eine breite Freitreppe erreicht. Er lässt sich für Trauungen sowie auch als Hochzeitszimmer für die Brautleute nutzen. Im Engelsaal finden in feierlichem Ambiente Schlosskonzerte statt. Alle 35 Zimmer und Suiten des Hotels bestechen durch eigenen Stil, sie sind teilweise mit Antiquitäten ausgestattet und tragen die Namen von

Malern und Dichtern der Region. Die idyllische Turmsuite mit Dachterrasse bietet einen traumhaften Ausblick.

Für das leibliche Wohl der Gäste sorgt Küchenchef David Müller. Angeboten werden internationale und regionale Gerichte. Im rustikalen „Hubertuskeller“ dominiert deftige Hausmannskost. Im feinen Schlossrestaurant „Ole Tiden“ überzeugt zum Beispiel der kross in der Butterpfanne gebratene Boddenzander. Auch Kinder fühlen sich hier wohl: Der 200 000 Quadratmeter große Park mit malerischen Brücken und altem Baumbestand lässt Raum zum Spielen und Erkunden. Auf interessierte Eltern warten Naturkundepfade und dendrologische Schautafeln. Mit den im Hotel ausgeliehenen Fahrrädern ist man schnell an den Boddengewässern, die Strände von Fischland und Darß mit den idyllischen Fischer- und Künstlerdörfern Ahrenshoop, Prerow und Zingst liegen ebenfalls nur 30 Autominuten entfernt.

Detlef Berg

ADRESSE

Park-Hotel Schloss Schlemmin
Am Schloss 2
18320 Schlemmin
Tel. 038225/51 60
Fax 038225/51 61 00
info@schloss-schlemmin.de
www.schloss-schlemmin.de

PREISE

DZ 83 bis 152 Euro
Familienzimmer 158 bis 178 Euro
Suite 131 bis 163 Euro
Turmsuite 158 bis 189 Euro

EC- Kartenzahlung möglich

BESONDERHEITEN

Traumhafte Anlage: Schloss und Park stehen unter Denkmalschutz (beide waren Außenstandort der IGA 2003 Rostock); Kochkurs mit dem Küchenchef: gemeinsames Kochen eines 4-Gänge-Menüs

FAMILIENPUNKTE

Familienzimmer für bis zu vier Personen; Zustellbett möglich; Ausflugsziele für Familien: Sandstrände der Ostsee, Salz-museum, Vogelpark Marlow, Rostocker Zoo

STRANDHOTEL
FISCHLAND

STRANDHOTEL FISCHLAND

EIN PARADIES FÜR FAMILIEN

Inmitten eines romantischen Küstenwaldes direkt an den Dünen steht das „Strandhotel Fischland".

Wo das Meer förmlich in der Luft liegt, es kaum Nachbarn gibt und der Wind die Bäume zum Singen bringt, ist ein idealer Ort zum Ausspannen und zum Erholen. Hier, ganz in der Nähe des Nationalparks Vorpommersche Boddenlandschaft auf der Halbinsel Fischland-Darß-Zingst, liegt das Strandhotel Fischland. Auf dem Weg dahin passiert man Weiden, auf denen Biorinder grasen, und einen kleinen Wald. Dann tauchen reetgedeckte Häuschen auf und – etwas versteckt – die Einfahrt zum Hotelgelände. Der Essener Bauunternehmer Eckehard Adams hat das Strandhotel Fischland 1995 eröffnet – als Haus, in dem sich auch große Patchwork-Familien wie die Adams (acht Kinder) wohlfühlen sollten. Geführt wird das exklusive Hotel, das viele Stammgäste hat, seit August 2008 von der umtriebigen Direktorin Isolde Heinz. Anders als das benachbarte, ebenfalls Adams gehörende und von Heinz geleitete „Dünenmeer", möchte das Strandhotel Fischland ganz gezielt Familien ansprechen. Mit Erfolg: In Ferienzeiten wimmelt es hier von Kindern, und die Betreuer

vom Kinderclub haben dann alle Hände voll zu tun. Vielfältige Ferienprogramme, eine Familiensauna, das für alle zugängliche Schwimmbad, eine Tennishalle, ein Abenteuerspielplatz zeichnen das Hotel aus – ebenso wie ein großes Verständnis für die Bedürfnisse von Eltern und Kindern. Etwa, dass der Büfettbereich in kindgerechter Höhe angebracht ist oder dass die Familienzimmer im Hotel über einen zusätzlichen separaten Schlafbereich verfügen. Gerade die Vielfalt der Unterkünfte ist es auch, die das Haus für Familien interessant machen: Gäste können zwischen fünf verschiedenen Wohnvarianten und Kategorien wählen. Im Haupthaus gibt es 54 Doppelzimmer, sieben Familienzimmer und vier Suiten. Der Hotelpark verfügt unter anderem über Gartenapartments, Familienhäuser, Landhausvillen und reetgedeckte Apartmenthäuser. Deren Mieter können auf Wunsch gegen Zuzahlung den gesamten

Hotelservice mit Frühstück, Büfett und À-la-carte-Restaurant nutzen. Dass sich ein solches Hotel mit derart exzellenter Strandlage im Sommer wie von selbst füllt, ist kein Wunder. Damit aber auch in den kühleren Jahreszeiten genügend Gäste kommen, wurde 2009 nicht nur umfangreich in die Modernisierung investiert, sondern auch der Wellnessbereich neu konzipiert und auf insgesamt 1600 Quadratmeter vergrößert. Wer nun im großen Innenpool seine Runden dreht, blickt durch raumhohe Fenster hinaus in den Wald, wer eine Anwendung gebucht hat, findet abseits der Familienzonen Ruhe und Entspannung. Das Indoor-Sportareal wurde modernisiert, und für Radtouren durch die schöne Umgebung stehen Leihräder bereit. Die beste Bewegung aber, auch bei Wind und Wetter, bleibt ein ausgedehnter Spaziergang am Strand. Einer der lohnendsten Ausflüge ist der Abstecher ins Deutsche Bernsteinmuseum, das im Kloster Ribnitz beheimatet ist. Dort kann man nicht nur erstaunliche Exponate bewundern – sondern seine eigenen Fundstücke auch gleich gegen ein kleines Entgelt in der Werkstatt schleifen und polieren lassen.

Georg J. Schulz

ADRESSE

Strandhotel Fischland
Ernst-Moritz-Arndt-Str. 6
18347 Dierhagen
Tel. 038226/520
Fax 038226/529 99
info@strandhotel-ostsee.de
www.strandhotel-ostsee.de

PREISE

DZ 145 bis 280 Euro
Familienzimmer 250 bis 420 Euro
Suite 290 bis 590 Euro
Apartment 115 bis 280 Euro
Haus 200 bis 390 Euro

EC-Kartenzahlung möglich

BESONDERHEITEN

Einmaliges Saunaerlebnis inmitten herrlicher Natur: Strandsauna (90°C) mit direktem Ostseezugang; exklusive Veranstaltungs-Lounge mit Dachterrasse und 180°-Blick über die Ostsee; Ostseelounge

Eigene, exklusive Kosmetikproduktlinie „Dünengold" mit den heilenden Kräften des Bernsteins

FAMILIENPUNKTE

Von 10 – 22 Uhr: Kinderclub „Die kleinen Strandpiraten" für Minis & Maxis in einem separaten Bereich mit wechselndem Tagesprogramm; Kinderschwimmzeiten von 9 – 18 Uhr; Abenteuerspielplatz mit „Piratenschiff"

STEIGENBERGER STRANDHOTEL AND SPA IN ZINGST

FERIEN MIT STIL

Das weiße Domizil am Meer bietet prächtige Erholungsmöglichkeiten für Eltern und Kinder.

„Was im Leben zählt, sind die kleinen Momente, in denen du spürst: Du bist zur richtigen Zeit am richtigen Ort", verkündet der Flyer, der im Hotelzimmer ausliegt. Schon bei der Ankunft im „Steigenberger Strandhotel and Spa" hat man das Gefühl, tatsächlich am richtigen Ort zu sein – einem exklusiven Domizil in bester Strandlage, unmittelbar an der Seebrücke des Ostseebades Zingst. Und auch der Zeitpunkt stimmt: Wochenende, blauer Himmel und schönster Sonnenschein. Das weiße Wellnesshotel strahlt mit dem Sandstrand um die Wette.

Vom Balkon aus blickt man auf die Ostsee. Die Wellen rauschen, und die Möwen geben ihr Bestes, dagegen anzuschreien. Strand und Meer – diese Themen spielen auch bei der Ausstattung der 117 Doppelzimmer und sechs Suiten eine wesentliche Rolle. Zwei besonders luxuriöse Suiten sind in dem Kapitänshaus gleich neben dem Hotel untergebracht. Designerin Anne Maria Jagdfeld hat die Räume in warmen Brauntönen gestaltet.

Fast alle Zimmer sind mit Balkon oder Terrasse ausgestattet, einige mit Blick auf das Meer, einige in den Hotelpark – der Sonnenseite des Hauses. Das Muschelmotiv zieht sich durch das gesamte Gebäude: an den Wänden des Fahrstuhls, den Stehlampen im Zimmer, als Tischdekoration im Foyer. Selbst beim Abendessen ist es gegenwärtig. Im hauseigenen Restaurant „Nautica“ gibt es ein köstliches Muschelkorbmenü. Vorweg wird ein Gruß aus der Küche serviert: Lachscarpaccio und Jakobsmuschel, dazu ein Glas Sekt. Die Stimmung im Restaurant bei Kerzenschein und gediegener Musik ist gut, der Appetit nach einer Radtour in den Nachbarort Prerow enorm. Da kommen die geräucherten Riesengarnelen mit Knoblauchdip und Frühlingssalat gerade recht. Zum Hauptgang wird gedünstetes Lachsfilet mit Weißweinschaum, Blattspinat und Butterkartoffeln gereicht. Der Service ist erstklassig, die Kellner aufmerksam und dabei unaufdringlich. Auch das Frühstücksbüfett am Morgen lässt keine Wünsche offen: von Leberkäse über Heringshappen, Obstsalat, eine breite Auswahl an Wurst und Käse bis hin zu allen erdenklichen Müslisorten. Den Sanddornsaft, eine regionale Spezialität,

sollte man unbedingt probieren. Doch nicht nur kulinarisch wird man im Steigenberger Strandhotel and Spa verwöhnt. Auch der Wellnesspavillon im Hotelpark ist Luxus pur: Der 1400 Quadratmeter große Spa-Bereich bietet verschiedene Saunen, einen 30°C warmen Innenpool und ein großes Angebot an Anwendungen wie Meerschaumwaschungen auf dem Hamamstein oder Thalgobehandlungen. Auch auf Kinder warten im Steigenberger Strandhotel and Spa besondere Momente: Ein spezielles Unterhaltungsprogramm wie zum Beispiel die Auftritte der Kinderrockband Rumpelstil oder die Mambuso-Bilderbuchwochen machen den Aufenthalt zum Erlebnis. Darüber hinaus gibt es reizvolle Ausflugsmöglichkeiten für große und kleine Entdecker: etwa das Experimentarium in Zingst oder ausgiebiges Muschel- und Steinesuchen am Strand. Die 20 Kilometer lange und zwei Kilometer breite Halbinsel Zingst ist zudem ideal für lange Spaziergänge am Meer oder Radtouren.

Anne Dewitz

ADRESSE

Steigenberger Strandhotel and Spa in Zingst
Seestraße 60
18374 Zingst
Tel. 038232/84 21 00
Fax 038232/84 21 11
strandhotel-zingst@steigenberger.de
www.strandhotel-zingst.steigenberger.de

PREISE

EZ ab 100 Euro
DZ ab 130 Euro
Familienzimmer ab 270 Euro
Suite ab 270 Euro

EC- und Kreditkartenzahlung möglich

BESONDERHEITEN

Spa World Premium-Pavillon mit Außen- und Innenpool sowie integriertem Whirlpool; großzügige Saunalandschaft; Partnerbehandlungsraum – für den gemeinsamen Wellnessgenuss; Grillbereich im Hotelpark für sommerliche Barbecues

FAMILIENPUNKTE

Spielzimmer für Kinder im gegenüberliegenden Steigenberger Aparthotel, Spieleverleih, täglich „Spritz & Spaß"-Stunde für Kinder im Wellnessbereich, Verleih von Fahrrädern und Bollerwagen

IM JAICH WASSERFERIENWELT

FERIENQUARTIER AUF DEM WASSER

Die idyllischen Hausboote in der Ostsee wecken Romantik und Abenteuerlust zugleich.

Wer einmal ein Gefühl dafür bekommen möchte, wie es sich auf einem Hausboot wohnt, kann dies probeweise auf Rügen tun. Es ist wohl die bislang ungewöhnlichste Unterkunft, die man auf Deutschlands größter Insel finden kann. Inmitten des Biosphärenreservats unweit von Putbus befindet sich die Anlage „im-jaich", benannt nach dem Eigentümer. Familie Jaich stammt aus Arnis an der Schlei, ihr Geschäft ist eigentlich der Bau und Betrieb von Yachthäfen. Vater Ingo hat vor 40 Jahren das erfolgreiche Wasserbauunternehmen gegründet; heute sind fast alle Familienmit-

glieder im Betrieb beschäftigt. So auch Sohn Till, der seinen Vater für seine Weitsicht nach der Wende lobt: „Er fuhr sofort hierher und machte sich auf die Suche nach einem idealen Platz für einen Yachthafen." Den fand er in Lauterbach, wo 1990 dann die Arbeiten mit dem Ausbaggern des Hafens, dem Bau der Wellenbrecher und des ersten Steges begannen, an dem 1994 erstmalig ein Boot festmachen konnte. Drei Jahre später wurden einige Häuser auf dem Festland als Ferienunterkünfte sowie ein Restaurant, der Tagungsraum und die Sauna gebaut.

Doch irgendwie fehlte noch das i-Tüpfelchen. Zusammen mit seinem Vater entwickelte Till Jaich dann das Konzept der schwimmenden Ferienhäuser. „Mich haben schon immer die Hausboote fasziniert, wie ich sie aus Sausolito in Kalifornien kenne", erzählt er, „und da im Uferbereich absolutes Bauverbot herrscht, ist die Idee entstanden, aufs Wasser zu gehen." Also wurde im eigenen Werftgebäude aus Holz das erste Hausboot gezimmert, mit einem Fundament aus Styropor, das mit Stahlbeton ummantelt ist. Nicht einfach war es aber, dafür eine Genehmigung zu bekommen. Doch letztlich wurde entschieden, den Jaichschen Prototyp als Boot zu klassifizieren. Das war 1998. Heute gibt es 22 in unterschiedlichen Pastellfarben gestrichene Hausboote, 14 feste Pfahlhäuschen werden Mitte Juni 2011 fertig. Jedes davon hat eine eigene Badeleiter, die zum Schwimmen einlädt. Wer lieber zum Badestrand gehen mag, läuft etwa

zehn Minuten. Die komplett ausgestatteten Wohnungen auf den Booten gibt es in zwei verschiedenen Ausführungen; sie sind in modernem (Ikea-)Stil eingerichtet. So kann sich der Gast auch selbst versorgen und an wärmeren Tagen auf der Terrasse in wunderschöner Atmosphäre speisen. Wer

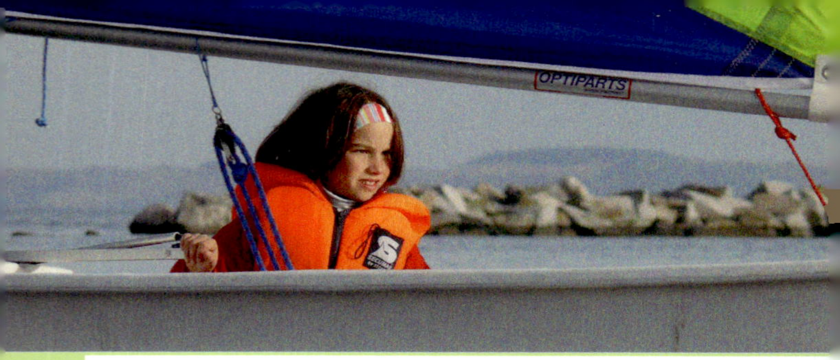

zum Kochen keine Lust hat, geht zum Essen in das gemütliche Restaurant „Kormoran“ und genießt dort bei schönem Ausblick die vorzügliche Lauterbacher Fischsuppe.

Das schöne Segelrevier ist ein Eldorado für Wassersportfans jeden Alters – ob Einsteiger oder Profi. Es gibt Angebote mit oder ohne Bootsführerschein: Wer mag, kann eine Yacht chartern, eine Jolle ausleihen oder einen Tagestörn mit dem Folkeboot rund um die Naturschutzinsel Vilm machen. Auch Segelkurse für Kinder und Erwachsene sind möglich. Allen, die einmal festen Boden unter den Füßen spüren möchten, bietet das nahe gelegene Putbus einen weitläufigen Landschaftspark mit Tiergehege, ein Museum zum „Anfassen“, das auf dem Kopf stehende Haus „Verkehrtherum“ sowie den Indoorspielplatz „Pirateninsel“.

Michael Pasdzior

ADRESSE

im jaich Wasserferienwelt
Am Yachthafen 1
18581 Lauterbach
Tel. 038301/80 90
Fax 038301/809 10
info@im-jaich.de
www.im-jaich.de

PREISE

Pfahlhaussuite 69 bis 135 Euro
Schwimmendes Haus
69 bis 159 Euro
Apartment 35 bis 129 Euro

EC- und Kreditkartenzahlung möglich

BESONDERHEITEN

Segelkurse für Kinder und Erwachsene; Erwerb von Sportbootführerscheinen möglich; Schnuppersegeln auf Folkebooten mit Skipper; hauseigene Sauna und Wellnessangebote

FAMILIENPUNKTE

Professionelle, fantasievolle Vamos-Kinderbetreuung an 5 Tagen/Woche inklusive 1 x Abendbetreuung in altersgemischten Gruppen mit altersspezifischen Angeboten

Spezielles Familienwochen-Arrangement inklusive Freizeitaktivitäten, Segeltörn mit Skipper und Kinderbetreuung buchbar

P

TRAVEL CHARME KURHAUS BINZ

BLICKFANG AN DER PROMENADE

Das Grandhotel verbindet mondänes 20er-Jahre-Flair mit dem Luxus von heute.

Als erstes Haus am Platz versteht sich im Ostseebad Binz das Hotel „Kurhaus Binz“, ein prachtvolles Gebäude aus dem Jahr 1908, direkt an der Promenade und der Seebrücke gelegen. Das luxuriöse Hotelensemble ist eines der Schmuckstücke der Hotelgruppe Travel Charme. Viele Stammgäste schätzen vor allem die Ostseenähe, das große Wellnessangebot des Hauses und das besondere Flair der alten Bäderarchitektur.

Die 106 Zimmer und 31 Suiten bieten modernsten Komfort und eine stilvolle Einrichtung. Elf große „Residenzen“, die etwas abseits liegen und mit eigener Küche eher Apartmentcharakter haben, sind auch für Familien gut geeignet. Besonders beliebt sind die Unterkünfte mit freiem Blick auf die Ostsee und das Geschehen auf der Promenade. Seefront-Zimmer gibt es sowohl im alten „Kurhaus“ als auch im stilistisch angepassten Nebenbau, „Kaiserhof“ genannt. Hier ist im Erdgeschoss der 1500 Quadratmeter große Wellnessbereich untergebracht. Ein beheizter Innen-

und Außenpool mit Whirlpool bietet bei schlechtem Wetter eine reizvolle Alternative zur Ostsee. Darüber hinaus stehen fünf unterschiedliche Saunen, ein Fitnessbereich sowie ein Gymnastikraum zur Auswahl. Auch Fitnesskurse werden angeboten.

Möchte man frische Ostseeluft atmen und sich ins kühle Meer stürzen, hilft die Rezeption beim Anmieten eines Strandkorbs. Direkt vor dem Kurhaus Binz liegt der kinderfreundliche, helle Sandstrand, der sich kilometerweit entlang der Bucht des Prorer Wiecks erstreckt – ideal zum Sandburgenbauen, Muschelnsammeln oder Herumtoben. Fünf Minuten vom Hotel entfernt laden schöne Wälder und Wiesen zu Rad- oder Wandertouren und Ausblick auf die Ostsee ein. Wer diese lieber per Schiff erkunden möchte: Ab der Seebrücke Binz sind Fahrten möglich.

Kulinarisch hat der Gast die Wahl zwischen dem eher klassischen „Kurhaus-Restaurant“, in dem das Ambiente von hohen Stuckdecken, Lüstern und Panoramafenstern mit Meerblick geprägt ist, und dem Restaurant „Das Steakhouse“, das mit Terrakottaboden, dunklen Holzmöbeln, Außengrill und großer Sommerterrasse auf mediterrane Akzente setzt. Wer Halbpension bucht, den erwarten im „Kurhaus-Restaurant“ zum Beispiel Menüs wie: „Pikante, asiatische Gemüsebrühe mit frischen Morcheln; offene Lasagne vom Papageifisch und Atlantik-Steinbutt umlegt mit Junglauch, Cherrytomaten und Zuckerschoten mit Balsamico; Caipirinha-Mousse mit braunem Rohrzucker gratiniert und frischen Früchten“. Es kann aber auch à la carte gegessen werden. Nach dem Essen bleibt noch Zeit für einen Bummel über die Promenade, ein Glas Wein bei Pianoklängen in der hauseigenen „Kakadu-Bar“ oder einen Abstecher in den prächtigen „Kurhaus-Saal“. Dort hat das Sommertheater seinen Sitz, das auch externe Gäste mit seinem vielfältigen Programm unterhält. Derlei Amüsement passt auch heute noch bestens zu einem „bekennenden Grandhotel“ wie dem Kurhaus Binz.

Georg J. Schulz

ADRESSE

Kurhaus Binz
Strandpromenade 27
18609 Ostseebad Binz
Tel. 038393/66 50
Fax 038393/66 55 55
kurhaus-binz@travelcharme.com
www.travelcharme.com

PREISE

EZ 99 bis 234 Euro pro Person
DZ 84 bis 167 Euro pro Person
Suite 116 bis 716 Euro pro Person

EC- und Kreditkartenzahlung möglich

BESONDERHEITEN

1500 qm großer Spa- und Wellnessbereich mit Saunalandschaft und verschiedenen Kursangeboten wie Aqua-Fitness, Nordic Walking oder Qigong

FAMILIENPUNKTE

Zentrale und strandnahe Lage; ganzjährig beheizter Innen- und Außenpool; großzügige Zimmer; viele Freizeit- und Sportmöglichkeiten wie Reiten, Segeln, Surfen in der Nähe

VILLA AN DER SEE

REFUGIUM AN DER NOBLEN STRANDALLEE

Erfrischende Ostsee, weite Strände: Die „Villa an der See“ ist ein Haus mit Charme und optimaler Lage.

Eine Villa an der See, diesen Traum hat sich der Bielefelder Peter Nattkemper 1986 erfüllt. Und das nicht etwa irgendwo, sondern im exklusiven Timmendorfer Strand, an der noblen Strandallee, zwischen Pinien und anderen schmucken Anwesen. Eine Minute Fußweg zum Strand, fünf Minuten bis in den lebendigen Ortskern: Der Immobilienexperte wusste natürlich selbst am besten, auf welche drei Dinge es ankommt: Lage, Lage und Lage.

Gebaut wurde das Haus um 1907, bereits damals wurde es als Hotel genutzt. Als dessen Verkauf anstand, machte Familie Nattkemper ihren lang gehegten Wunsch wahr. Denn eine Villa an der See sollte es sein, noch lieber hier in Timmendorfer Strand als auf Sylt oder Juist. Zunächst wurde das Haus weiter an den früheren Eigentümer verpachtet. Als dieser aus Altersgründen mit dem Hotelbetrieb aufhörte, wurde 2008 und 2009 komplett renoviert und die Jugendstilvilla aus ihrem Dornröschenschlaf erweckt: Entstanden ist ein charmantes Kleinod in optimaler Lage.

Mit ihrem strahlenden Weiß und dem schön angelegten Garten besticht die Villa nicht nur durch ihr Äußeres. Auch das Konzept und die Einrichtung des Hauses mit insgesamt acht Apartments – alle mit Balkon oder Terrasse – für gehobene Ansprüche sind gelungen. Jedes einzelne ist hochwertig und mit viel Komfort und Liebe zum Detail eingerichtet. Die Wohn- und Schlafräume verfügen über behagliche Holzdielen, die Bäder über edles Granit oder geschmackvolle Fliesen. Von einigen Zimmern aus blickt man auf die Ostsee.

Man spürt, dass den Eigentümern Individualität und eine persönliche Atmosphäre am Herzen liegen. Ziel ist es, ein Gefühl echter Gastfreundschaft und ein stimmiges Ambiente zu vermitteln. Und das ist gelungen – die Mischung aus Tradition und Moderne überzeugt. Auch für das leibliche Wohl ist gesorgt: Das opulente Frühstück stärkt für lange Strandwanderungen oder ausgiebige Radtouren entlang der Ostseeküste. Auf Wunsch wird zudem ein kompletter Hotelservice geboten.

In der „Villa an der See" ist man flexibel – einer der größten Pluspunkte des Hauses. Denn die vorhandenen Apartments mit bis zu zwei Schlafräumen, getrenntem Wohnbereich, Bad und Balkon können auch auf Wunsch als Doppelzimmer zum Beispiel nur für eine Nacht oder für ein Wochenende gemietet werden. Der überwiegende Teil der Gäste sind jedoch Familien, die eben mehr Platz benötigen, als klassische Hotelzimmer bieten. Hunde sind erlaubt, nur eine Suite wird für Allergiker freigehalten. Der große Garten ist ideal für kleine Gäste, auch der Service überzeugt durch Kinderfreundlichkeit. Das Seebad Timmendorfer Strand bietet zahllose Sport- und Unterhaltungsmöglichkeiten – etwa die Segelschule in Niendorf, die Tauchschule in Scharbeutz oder die vielen Reitställe. Ein Besuch der Ostseetherme oder des Sea Life locken auch bei schlechterem Wetter. Kein Wunder also, dass es unter den Gästen inzwischen viele „Wiederholungstäter" gibt. In der Vor- und Nachsaison bietet die Villa an der See zudem günstige Jahreszeiten-Specials oder Golfcard-Angebote

Detlef Jens

ADRESSE

Villa an der See
Strandallee 128
23669 Timmendorfer Strand
Tel. 04503/70 30 94
Fax 04503/704 61 20
info@villaandersee.de
www.villaandersee.de

PREISE

Apartment 75 bis 185 Euro

EC-Kartenzahlung möglich

BESONDERHEITEN

Nahe am attraktiven Timmendorfer Ortskern mit Einkaufsmöglichkeiten, Cafés und Restaurants gelegen; der idyllische Niendorfer Yachthafen ist fußläufig zu erreichen; zahlreiche Golfplätze in der näheren Umgebung

FAMILIENPUNKTE

Großzügige 45 – 75 qm große Familienapartments für bis zu 5 Personen mit 1 – 2 separaten Schlafzimmern, jedes mit Balkon oder Terrasse; abendliche Kinderbetreuung möglich

HOTEL SEEHOF

BILDERBUCH-FERIEN AN DER OSTSEE

Die familiäre Atmosphäre und ein großer, alter Park machen den Charme dieses Hotels aus.

Eine beneidenswerte Lage hat das „Hotel Seehof" in Sierksdorf: direkt am Ufer der Neustädter Bucht, mit Blick von allen Zimmern und dem Restaurant über den gepflegten alten Park hinweg, der sich zur See hin sanft abwärts neigt. Vom Ende des Rasens sind es dann noch ein paar Stufen hinunter zum Strand und den hauseigenen Strandkörben. Kein Weg, keine Straße, erst recht kein anderes Haus steht zwischen Anwesen und Wasser. Das Haus an dieser Stelle, Kernstück des Hotels, wurde 1885 von einem Italiener gebaut. Vor über 100 Jahren erwarb es ein Senator aus Altona als Sommer-

sitz. Sein Sohn betrieb hier später Landwirtschaft und eine Pferdezucht, und schon damals wohnten Gäste gern in dem Reetdachhaus auf dem Grundstück – nur acht Meter von der Steilküste entfernt. Auch heute residieren hier wieder Gäste. Beliebt sind die Zimmer, weil sie etwas abseits liegen, mit je einer kleinen Terrasse.

Nach dem Krieg startete der Enkel, Joachim Kallmorgen, den Hotelbetrieb. Gerade 21 Jahre alt, verkaufte er einige Hektar Land, krempelte die Ärmel hoch und gründete im renovierten Landsitz eine Pension. Einen Winter lang fuhr er danach als Steward bei der Südamerika-Linie und lernte die Grundlagen des gastronomischen Berufes. 1953 war er jüngster Hotelier an der Lübecker Bucht. Damals gehörten Axel Springer und Wilhelm Furtwängler zu den Gästen. Seither hat Kallmorgen sein Hotel immer wieder aus- und umgebaut. Heute verfügt es über insgesamt 19 Zimmer und Familiensuiten – alle mit Seeblick. Zudem gehören zwei Restaurants und ein hölzernes Saunahäuschen im hauseigenen Park dazu. Das Grundstück ist abgeschlossen, sodass Eltern hier in aller Ruhe ein Buch lesen können, während die Kinder spielen; sie können nicht verloren gehen.

Neben Familie Kallmorgen sorgen seit Oktober 2010 Hoteldirektor Jan Schmidt-Gehring und Küchenchef Markus Gerlach für das Wohl der Gäste. Diese schätzen vor allem die freundliche und familiäre Atmosphäre – viele kommen jedes Jahr wieder. Vor allem Familien mit Kindern zählen zur festen Gästeklientel – beim gemeinsamen Strandburgenbauen oder Drachensteigenlassen werden Freundschaften geschlossen, die über etliche Sommerurlaube andauern. Auch der direkte Zugang zum Strand und der niedrige Wellengang der Ostsee sind ideal, gerade für kleinere Kinder. 2009 wurde das Hotel renoviert; Zimmer und Restaurant sind seitdem im modernen Landhausstil eingerichtet. Hier, sowie auf der großen Sommerterrasse, werden kulinarische Köstlichkeiten serviert – vom hausgebackenen Kuchen bis hin zu internationalen Klassikern und regionalen Spezialitäten. In der kühlen

Jahreszeit lädt zudem das „Lütt Hus“, ein gemütliches Fachwerkhaus, zum Verweilen bei offenem Kaminfeuer ein. Morgens beginnt man dann auf der Veranda der alten Villa gemütlich mit Ostseeblick bei einem Langschläferfrühstück den Tag. Mit Charme, Freundlichkeit und einem Blick für das Wesentliche gelingt es Familie Kallmorgen und Jan Schmidt-Gehring, den Seehof als das zu erhalten, was er bereits seit mehr als 100 Jahren ist: ein Ort der Ruhe und Entspannung.

Detlef Jens

ADRESSE

Hotel Seehof
Gartenweg 30
23730 Sierksdorf
Tel. 04563/477 70
Fax 04563/74 85
rezeption@seehof-sierksdorf.de
www.seehof-sierksdorf.de

PREISE

EZ ab 90 Euro
DZ 130 bis 162 Euro
Familiensuiten 155 bis 209 Euro

EC- und Kreditkartenzahlung möglich

BESONDERHEITEN

Schöne Lage inmitten eines großen Parks; direkter Strandzugang und eigene Strandkörbe; Blick auf die Lübecker Bucht von allen Zimmern aus; exklusive Saunanutzung möglich

FAMILIENPUNKTE

Sandkiste, Schaukel und Tischtennisplatte; viele Ausflugsziele für Familien (Vogelpark Niendorf, Hansapark, Sealife); Sportmöglichkeiten (Fahrradverleih, Segelkurse); auf Wunsch Babysitter

P

SEEMÖWE
HOTEL

SEEMÖWE GRÖMITZ

SCHMUCKSTÜCK AM MEER

Kinder freuen sich über den großen Garten, Eltern aufs Ausschlafen und das späte Frühstück.

Eine Silbermöwe umkreist das Hotel, lässt sich dann ganz oben auf dem First nieder und schaut keck nach unten. Das Bild passt, schließlich heißt das Haus ja „Seemöwe“. Das kleine, aber feine Hotel liegt im Ostseebad Grömitz, eine gute Autostunde von Hamburg entfernt, und gehört Oliver Sinner, einem umtriebigen Unternehmer. Einst Shootingstar der Internetbranche, ist er heute – unter anderem – Hotelier.

Die 1910 errichtete Seemöwe ist eines der wenigen architektonischen Schmuckstücke in dem beliebten Ostseebad. Das ehemalige Hotel und Apartmenthaus, im Laufe der Jahre mehrfach umgebaut, war zuletzt in bedauernswertem Zustand. Hinter der braunen Fassade gab es etwa 20 kleine Zimmer, die ihre beste Zeit lange hinter sich hatten. Sinner kaufte das Objekt, sanierte es binnen eines halben Jahres für einen siebenstelligen Betrag und brachte es anhand alter Fotos in einen Zustand, der dem Original in nichts nachsteht. 2005 wurde das neue Hotel mit nur noch sieben Doppelzimmern und vier Familienzimmern eröffnet. Alle Zimmer und Suiten sind nicht nur zusätzlich mit hochwertigen Kinderstühlen und -betten ausgestattet, sondern verfügen auch über eine komplette kleine Küche inklusive Kinderbesteck und -geschirr. Das ist ebenso praktisch für die Gäste wie konsequente Folge des Hotelkonzepts „garni", was

bedeutet, dass es außer dem opulenten Frühstück mit Latte macchiato, Lachs, Rührei, frischem Obstsalat etc. keine weiteren gastronomischen Angebote gibt. In der Hochsaison werden allerdings im schönen, hellen Frühstücksraum und auf der mit Holz belegten Terrasse nachmittags noch

Kaffee, Tee und Kuchen gereicht, abends finden sich hier auch häufiger alle zum gemeinsamen Grillen ein. Während sich das Haus zwischen Mai und Oktober fast wie von selbst füllt und freie Zimmer schwer zu bekommen sind, beginnt im November die eher ruhige Zeit. „Wir bleiben trotzdem an 365 Tagen geöffnet", sagt Sinner, der das Tagesgeschäft dann weitgehend seinen Mitarbeiterinnen überlässt. Die beiden „Hausfeen" Grit (Jones) und Anja (Schröder) sind es auch, die jeden Morgen das leckere Frühstück zubereiten, sich um die gemütlichen Zimmer kümmern und den Gästen als freundliche Ansprechpartner dienen. Das moderne Interieur des weitgehend in Weiß gehaltenen Hotels ist geschickt ausgesucht und zum Teil extra für die Seemöwe angefertigt worden. Dekorative Elemente wie kleine hölzerne Segelboote und Muscheln im Glas sorgen für ein maritimes Ambiente, ein Gefäß mit Vanillearoma für angenehmen Duft.

Kinder sind in dem Haus gern gesehene Gäste – hat doch der Besitzer selbst zwei, die er des Öfteren auch mitbringt. Während Sohn Henry Mittagsschlaf hält oder auf dem hoteleigenen Spielplatz bolzt, erklärt Tochter Emma den Neuankömmlingen schon mal, wo ihr Zimmer ist oder wie sie den Weg zum 250 Meter entfernten Strand finden. Der ist aber auch so kaum zu verfehlen: einfach über den roten Teppich aus der Haustür treten, linksrum ein paar Minuten geradeaus gehen. Kurz hinter dem kleinen Deich warten dann schon das Meer, die Promenade, Strandkörbe – und natürlich jede Menge Möwen.

Georg J. Schulz

P

ADRESSE

Seemöwe Grömitz
Fischerstraße 3
23743 Grömitz
Tel. 04562/25 53 90
info@seemoewe.de
www.seemoewe.de

PREISE

DZ 98 bis 138 Euro
Familienzimmer 118 bis 164 Euro

EC-Kartenzahlung möglich

BESONDERHEITEN

Kleines, sehr familiär geführtes Hotel; Garten mit Liegewiese und Strandkörben; Fahrrad- und Bollerwagenverleih; Ausfahrten mit antikem (1954) roten Porsche-Traktor

Im nebenan gelegenen „Apartmenthaus Seemöwe" sind zehn weitere Ferienapartments vorhanden; auf Wunsch auch mit Frühstück im Hotel buchbar

FAMILIENPUNKTE

Kinderfreundlicher Urlaubsort mit „kindgerechtem" Strand, vielen Spielplätzen und Veranstaltungen für Kinder; hoteleigener Kinderspielplatz; Spielhaus mit Tischkicker; DVD-Kino; „Kinderzoo" Grömitz und „Hansapark" in der Nähe

GUTSHAUS REDEWISCH

SOMMERFRISCHE AN DER OSTSEE

Rundum wohlfühlen heißt die Devise in dem familiären Gutshaus inmitten weiter Natur.

Er fühlt sich hier sehr wohl, und das wünscht er sich auch für seine Gäste. Diesen fällt das ebenfalls leicht, das freundliche, familiäre Hotel „Gutshaus Redewisch“ an der Ostseeküste zwischen Lübeck und Wismar ist liebevoll renoviert und schon auf den ersten Blick einladend. Ole Lueder, Betreiber des Hotels, ist der Urenkel des letzten Gutsbesitzers. Sein Vater, Carl-August Lueder, lebte bis zu seiner Jugend hier in Boltenhagen an Mecklenburgs Ostseeküste. Sein Vater wiederum hatte die Staatsdomäne im Ort gepachtet, Großvater August war Gutsherr auf Redewisch – bis kurz nach Kriegsende, als die Familie in den Westen ging. Nach der Wende entdeckte Carl-August Lueder den einstigen Familienbesitz wieder. Ab 1990 kämpfte er darum, das Gutshaus zurückzukaufen. Im Jahre 2000 konnte endlich mit der Sanierung und dem Umbau des Hauses zum Hotel begonnen werden, die Eröffnung wurde zwölf Monate später gefeiert. Ein Haus mit langer Familiengeschichte und daher wie gemacht für ein gastliches, sehr persönliches Hotel. Die wechsel-

volle Historie sieht man dem klassizistischen Gebäude heute nicht mehr an. Vor allem seine Lage mitten im Grünen ist bezaubernd. Auch die große Terrasse des alten Gutshauses, mit freiem Blick auf Felder, Wiesen, Teiche und ein Wäldchen, fällt ins Auge. Die Inneneinrichtung ist zeitlos schlicht, besonders schön sind die hohen Räume im ersten Stock, fast alle mit eigener Terrasse oder Balkon. Insgesamt sind es 21 Zimmer, dazu noch Restaurant, Kaminzimmer, eine Sauna mit Solarium und ein Kosmetikstudio mit verschiedenen Wellnessangeboten. Auch an Familien ist gedacht: Für sie gibt es Familienzimmer (3 oder 4 Betten) mit getrennten Schlafräumen. Die unmittelbare Umgebung bietet viele Freizeitmöglichkeiten: spazieren gehen, Muscheln suchen und baden am Ostseestrand, segeln oder rudern mit Mietbooten, aber auch Rad fahren, wandern oder Ausflüge in den idyllischen „Klützer Winkel", in dessen Zentrum der historische Ort Klütz liegt. Er ist ebenso sehenswert wie die alte Hansestadt Wismar.

Insgesamt ist der Stil des Hauses ebenso erfrischend wie unkompliziert. Gleiches gilt für die Küche: Ein Sternekoch wäre hier eher fehl am Platz, meint Ole Lueder. „Aber

wir legen schon Wert auf gutes Essen." Das ist bodenständig, aber schmackhaft. Ein typisches Menü sieht etwa so aus: Schnecken in Knoblauchbutter, drei verschiedene Fischsorten auf Lauch-Champignon-Sauce mit Krabben oder Schweinesteaks auf Rahmwirsing und Herzoginkartoffeln, Vanilleeistörtchen mit heißen Kirschen. Familiär und nicht abgehoben. Die Weinkarte wird kontinuierlich weiterentwickelt – wie auch das Haus insgesamt, Schritt für Schritt. Hierzu lässt Ole Lueder sich einiges einfallen. Beispielsweise seine beliebten Jazzabende mit dem bekannten Pianisten Joja Wendt, jedes Jahr als Abschluss der Sommersaison – bezaubernde Abende, von denen die Zuhörer noch lange schwärmen. Leider habe man nur sehr beschränkten Platz, bedauert Ole Lueder, denn sonst würden zu diesen Konzertabenden, die bisher eher den Charakter eines Insidertipps haben, sehr viel mehr Besucher kommen.

Detlef Jens

ADRESSE

Gutshaus Redewisch
Dorfstraße 46
23946 Ostseebad Boltenhagen-Redewisch
Tel. 038825/37 60
Fax 038825/376 37
info@gutshaus-redewisch.de
www.gutshaus-redewisch.de

PREISE

EZ 55 bis 70 Euro
DZ 85 bis 150 Euro
Familienzimmer 120 bis 185 Euro
Suite 110 bis 160 Euro

EC-Kartenzahlung möglich

BESONDERHEITEN

Ruhige Lage im Grünen: Strand und Ortskern von Boltenhagen sind etwa 2,8 km entfernt; Zimmer im Landhausstil mit hohen Decken und teilweise Holzfußboden; Dampf- und finnische Sauna

FAMILIENPUNKTE

Familiäre Atmosphäre; Familienzimmer (3 oder 4 Betten) mit getrennten Schlafräumen; die Felder- und Wiesenlandschaft ist ideal für Radtouren; Verleih von (Kinder-)Fahrrädern möglich; Tischkicker; DVD-Kino; „Kinderzoo“ Grömitz und „Hansapark“ in der Nähe

HOF ECKHORST GÜBY

LUST AUF LANDLEBEN

Wer die Natur liebt und Komfort ohne allzu viel Luxus schätzt, ist hier genau richtig.

Tiere muss man mögen auf diesem urigen Ferienhof, Hunde, Katzen, Kaninchen, vor allem Pferde. Mindestens 60 Hannoveraner Warmblüter und ein paar Holsteiner gibt es in den Ställen, auf den Koppeln und Paddocks. Und für Ruhe sollte man empfänglich sein, für Landluft und idyllische Abgeschiedenheit. Denn der in seinen Ursprüngen über 150 Jahre alte „Hof Eckhorst", zwischen Schleswig und Eckernförde gelegen, befindet sich zwar nur etwa anderthalb bis zwei Autostunden von Hamburg entfernt. Aber eigentlich liegt er viel weiter weg: am Ende der Welt, eingerahmt von Rapsfeldern, Wiesen und Hügeln. Güby und Fleckeby heißen die nächsten Dörfer, das sagt schon einiges.

Susanne Behn ist die Besitzerin, die Seele und das Herz vom Eckhorst, eine Frohnatur voller kreativer Ideen, flotter Schnacks und guter Tipps. Sie ist auf einem Bauernhof bei Heiligenhafen aufgewachsen und hat ebenso früh reiten wie laufen gelernt. Nach Wanderjahren durch verschiedene Berufe und Regionen hat sie sich 1999 in das einst groß-

bäuerliche Anwesen Eckhorst verliebt. Als ihr der Orkan „Kyrill“ im Januar 2007 das Dach über dem Kopf wegpustete, sah sie darin den Auftrag für einen Neubeginn: Gemeinsam mit ihrem Mann beschloss sie, zehn Ferienwohnungen unter das nagelneue Dach zu setzen.

Seither ziehen Gäste bei ihr ein, die Komfort schätzen, aber keinen Luxus brauchen: zum Beispiel junge Familien mit tiervernarrten Kindern, auch Aktivurlauber, die mit dem Fahrrad zum Schleifjord radeln oder durch die Hüttener Berge wandern, deren Gipfel bis zu hundert Meter in den weiten Holsteiner Himmel ragen.

Die meisten Gäste aber sind ganz damit zufrieden, die Fohlen auf der Koppel zu streicheln und dem Pferdeflüsterer Andreas Nissen bei der Arbeit zuzuschauen. Nicht wenige genießen es, im Sommer einfach in den Hängematten im Garten zu schaukeln oder vom Holzsteg in den Badeteich zu springen, der so versteckt liegt wie der Hof in der Landschaft Schwansen.

Wer sich nach Ausflügen oder vom Nichtstun aufwärmen will, hat in der Sauna Gelegenheit dazu, sie wird sonnabends für alle gratis geheizt. Auch eine Privatpartie

Schwitzen ist möglich; diese kostet dann allerdings etliche Euro. Die Wohnungen sind unterschiedlich und bunt eingerichtet, nichts für Stilpuristen. Die schönste, im Landhaus-Look, hat einen Balkon mit Traumblick ins Grüne. Über gut ausgestattete Küchen verfügen alle, denn im Eckhorst versorgt sich jeder selbst. Für Abwechslung sorgen etwa die Gasthöfe in Kosel oder Güby. Wer aber auch noch den Himmel voller Geigen sehen will, muss Susannes Rat befolgen und ins Restaurant „Epinard“ gehen. In einer ehemaligen Meierei haben Ursula Köhler und Horst Hinrichs nicht nur die Zimmerdecke mit Balalaikas, Violinen, Trommeln und einem Alphorn vollgehängt; sie bieten auch eine Speisenvielfalt, die so bunt ist wie das Landleben auf Hof Eckhorst: von Tapas bis zum Weideschaf-Filet.

Bernd Schiller

ADRESSE

Hof Eckhorst Güby
24357 Güby/Schlei
Tel. 04354/98 64 20
Fax 04354/98 64 19
info@hofeckhorst.de
www.hof-eckhorst.de

PREISE

Ferienwohnung ab 50 Euro

BESONDERHEITEN

Schöner Park mit Ruhezonen, einem kleinen Teich und Kanu; exklusiv buchbarer Wellnessbereich mit Thermium und Dampfbad

FAMILIENPUNKTE

Tierreiche Umgebung; im Frühjahr Fohlen auf den Wiesen rund um den Hof; Reitunterricht für Anfänger und Profis; idyllische Fahrradtouren durch das Naturschutzgebiet Hüttener Berge

STRANDHOTEL

STRANDHOTEL GLÜCKSBURG

SCHÖNER ANBLICK, WEITER AUSBLICK

Im „Strandhotel Glücksburg" spricht der Name für sich: Gute Laune entsteht fast von selbst.

Warum man sich als Gast im „Strandhotel Glücksburg" sofort wohlfühlt? Das hat sicherlich mehrere Gründe. Zunächst beeindrucken die besondere Lage an der Flensburger Förde und das Haus an sich. Das von den Betreibern gern und oft „weißes Schloss am Meer" genannte Gebäude stammt ursprünglich aus dem Jahr 1872 und wurde nach einem Brand 1914 wiedereröffnet. Seine Architektur weckt die Fantasie, man wähnt sich plötzlich in der Kaiserzeit, als an der Ostsee vielerorts ähnlich schmucke Bäderhotels entstanden.

Geht man in das Strandhotel Glücksburg hinein, wird klar, dass da mit viel Liebe und Engagement investiert wurde. Der neue Besitzer, ein Jurist aus Dänemark, ließ ab 2007 das schon eingeführte, aber damals noch einfachere Hotel umbauen und erweitern, wobei die Zimmer größer und schöner, die Einrichtung heller und die allgemein zugänglichen Bereiche deutlich edler wurden. Wer sich umschaut, erkennt schnell die massiven Holzfußböden, die teuren Arne-Jacobsen-Lampen im Flur oder den Flügel im Restaurant.

„Kein Stein blieb auf dem anderen", sagt Direktor Karsten Werner, der aus Flensburg kommt und seit 2000 in dem Hotel arbeitet. Die Einrichtung in den Zimmern und Suiten ist im skandinavischen Landhausstil gehalten, viel Weiß gibt den Räumen Helligkeit und Frische. Farblich werden in den Etagen unterschiedliche Akzente gesetzt, mal sind Vorhänge und Tapeten rot abgesetzt, mal grün oder blau. Die Bäder sind großzügig geschnitten und hochwertig gefliest, kostenloses WLAN und moderne Flachbildfernseher mit Internet gehören zum Standard.

Je höher das Zimmer liegt, desto besser ist der Blick vom Balkon auf den Strand, die Förde, die Ochseninseln und die dänische Küste gegenüber. Und dann ist da noch die zum Hotel gehörende Seebrücke, an der mehrmals täglich ein Schiff anlegt. Das fährt in einer Dreiviertelstunde nach Flensburg, die Tour ist eine schöne Möglichkeit, sich der sehenswerten Fördestadt vom Wasser aus zu nähern. Familien buchen gern eines der großen Apartments im Nebengebäude, direkt am Strand; hier gibt es auch einen Spielplatz zum Toben.

Geht es um kulinarische Genüsse, muss man aber gar nicht aus dem Haus gehen. Schließlich offeriert Küchenchef André Schneider im Hotel-Restaurant „Felix" ein sehr ansprechendes Niveau, das er selbst als „höchste Kochkunst ohne Berührungsängste" definiert. Das Konzept reicht von Bistro bis „edel", auf den Tisch kommen ausgefeilte Menüs ebenso wie Steaks vom Lavasteingrill. Das Serviceteam gibt sich mit seinen Bistroschürzen dabei eher locker als geschniegelt, das passt zum unkomplizierten Stil des Hauses. Spaziergänger und Hotelgäste können natürlich auch Kaffee und Kuchen genießen, drinnen oder auf der Terrasse. Für Kinder gibt es eine eigene Speisekarte; auch an Hochstühle und Malsachen für die ganz Kleinen wurde gedacht.

Zum Strandhotel Glücksburg gehören 33 Zimmer und drei Suiten. Da das Hotel über einen großen Saal verfügt, eignet es sich für Hochzeiten und Familienfeiern ebenso wie für einen erholsamen Kurztrip mit Kind und Kegel oder ein romantisches Wochenende zu zweit.

Georg J. Schulz

ADRESSE

Strandhotel Glücksburg
Kirstenstraße 6
24960 Glücksburg
Tel. 04631/614 10
Fax 04631/61 41 11
info@strandhotel-gluecksburg.de
www.strandhotel-gluecksburg.de

PREISE

EZ bis 189 Euro
DZ 139 bis 289 Euro
Junior-Suite 219 bis 329 Euro
Suite 289 bis 439 Euro
Apartments 100 bis 190 Euro

EC-Kartenzahlung möglich

BESONDERHEITEN

Schöne Lage und fantastischer Blick auf den Flensburg Fjord; Wellness-Lounge mit biologischen Pflegeprodukten, Dampfbad, finnischer Sauna sowie Bio- und Infrarotsauna; Fitnessraum mit modernen Geräten

FAMILIENPUNKTE

Große Apartments für bis zu sechs Personen direkt am Strand; Kindermenükarte; Babyfon/Babybetten; Hochstühle; Malsachen; Babysitter auf Anfrage

LANDHAUS BÖRMOOS

GUTE-LAUNE-ORT MIT NOSTALGISCHEM FLAIR

Das kleine Hotel liegt inmitten schönster Natur, nur 200 Meter von der Ostsee entfernt.

Im „Landhaus Börmoos“ schaltet und waltet eine Frau mit dem richtigen Händchen fürs dekorative Detail. Sie schuf eine Atmosphäre wie aus anderer Zeit, ländlich und idyllisch. Alles ist am richtigen Platz – auch in den acht Apartments, der Diele, dem Kaminraum und dem sieben Hektar großen Grundbesitz mit Weiden und vier Teichen. Ideal für Romantiker, die sich an Biedermeiersofas, gedrechselten Tischen und Stühlen aus Eiche, kuscheligen Alkoven zum Schlafen und einem gusseisernen Kohleherd ebenso erfreuen wie an der 200 Meter entfernten Ostsee. Am Seerosen-Teich sieht man Graureiher, die mit Glyzinien umflorte Laube lädt ein, hier den Nachmittag zu verdösen.

„Als kleines Mädchen habe ich meine Puppenstube immer nur eingerichtet, nie damit gespielt“, erinnert sich Christiane Kranz, die Frau mit dem Händchen. Innenarchitektin wäre sie gern geworden – seit 1992 kann sie nach eigenem Gusto möblieren und arrangieren. Seinerzeit führte ein Urlaub sie und ihren Mann Reinhard hierher. Bei den beiden fiel die Ent-

scheidung schnell, hier heimisch zu werden. Da traf es sich gut, dass der damalige Besitzer des Gehöfts, der das Bauernhaus aus dem Jahr 1876 und die dazugehörige Scheune nach alten Bauplänen originalgetreu restaurierte, ein Freund der Kranzens war. Als er es ihnen unerwartet zum Kauf anbot, griffen sie zu und zogen mit Tochter Anna ein. Die neue Besitzerin begann, 680 Quadratmeter Wohnfläche zu gestalten. Das reetgedeckte historische Bauernhaus mit angrenzender Scheune erhielt ein perfekt durchkomponiertes Innenleben. In der Essdiele mit dem aus Dänemark stammenden Krämerschrank wird gefrühstückt, gesessen, geredet. Auch die Apartments – zwei im Haupthaus, sechs in der einstigen Scheune – sind stilsicher ländlich antik bestückt, jedes Zimmer erhielt eine eigene Farbnote.

Wer früh auf ist, kann Kaninchen und Rehen zuschauen, sieht Fasane und Gänse, hört die Ostsee und riecht das Börmoos, eine geheimnisvoll-schöne Moorlandschaft. Faulenzer können noch mal die Decke über den Kopf ziehen und sich die Brötchen in einem Baumwollsäckchen aufs Zimmer servieren lassen. An kühlen Tagen wird im Kaminraum ein Feuer entzündet, und es werden Weinflaschen entkorkt.

Auch eine Sauna ist vorhanden. An warmen Abenden trifft man sich auf der Terrasse vor dem Haupthaus oder setzt sich an einen der Teiche; der Garten hat etwas Verwunschenes. „Zu uns kommen Menschen, die Ruhe, Entspannung und Natur mögen und eine behagliche, individuelle Unterkunft ohne den üblichen Hotelcharakter suchen“, fasst Christiane Kranz etwa zwei Jahrzehnte Landhauszeit zusammen. Wer sich in dem idyllischen Refugium einquartiert, kann die Tage auf vielerlei Weise genießen: im Liegestuhl mit einem Buch, an einem der vielen Badestrände, im nahen Reiterhof, bei Radtouren und Wanderungen durch Felder, Buchenwälder oder entlang des Ostseestrandes. In der Nähe liegen Fischerdörfer, 20 Kilometer entfernt Flensburg und Dänemark, urige Restaurants und Natur bis zum Horizont. Das ist von allem das Schönste im äußersten Norden Deutschlands.

Roland Mischke

ADRESSE

Landhaus Börmoos
Grüfft 9
24972 Steinbergkirche/Habernis
Tel. 04632/76 21
Fax 04632/14 29
kontakt@landhaus-boermoos.de
www.landhaus-boermoos.de

PREISE

Ferienwohnung 92 bis 100 Euro

EC-Kartenzahlung möglich

BESONDERHEITEN

Auf Wunsch Frühstücksservice; kleiner, feiner Laden mit Wohnaccessoires ausschließlich für Hausgäste; finnische Sauna; Kosmetikbehandlungen und ayurvedische Massagen möglich

FAMILIENPUNKTE

Reiterhof nebenan; nur 200 m zum Strand (Naturstrand); nahe gelegene Ausflugsziele für Kinder: Phänomenta Flensburg, Fördelandtherme in Glücksburg, Aqua Tropicana in Damp

VIEL FREIRAUM FÜR FAMILIEN

Der verträumte Reetdachhof punktet mit Charme, Yoga und beschaulicher Natur.

Zufällig kommt man nicht hierher. Das „Haus am Watt" in Heringsand gleich hinterm Deich auf einer Warft ist ein echter Geheimtipp. Eine solch romantische Atmosphäre hätte man auf dem platten Land südlich der Halbinsel Eiderstedt, zwischen Schafen und landwirtschaftlichen Großbetrieben, nicht erwartet: blühende Rosen, alte Obstbäume, Teich hinterm Haus und familiäre Gastlichkeit. Geführt wird die charmante Pension von Chamiene Ehlers-Witt, gemeinsam mit ihrer Mutter und ihrem Bruder. Vorbild war das amerikanische Bed & Breakfast, von dem sich Mutter Ehlers-Witt, die lange in den USA gelebt hat, inspirieren ließ. Als die Landwirtin 1989/90 das Grundstück erbte, bot sich die Chance, den Traum von der eigenen Pension zu verwirklichen, und der alte Reetdachhof wurde entsprechend umgebaut. Heute verfügt er über einfache, aber geschmackvoll eingerichtete Zimmer und mehrere Apartments, die besonders für Familien geeignet sind, sowie eine große Wohndiele, in der es je nach Wunsch und Tageszeit Kaffee mit selbst gebackenem Kuchen,

ein abendliches vegetarisches Drei-Gänge-Menü oder ein abwechslungsreiches Frühstück gibt. Denn schon bald war das Haus am Watt mehr als nur Bed & Breakfast, da die Mutter ihre Gäste auch den Tag über bewirtete. Und die waren begeistert davon. Chamiene lebte damals noch in Hamburg, vor einigen Jahren zog es sie zurück nach Hause in den Familienbetrieb: „Ich koche sehr gerne, aber es sollte vegetarisch sein." Hierzu verwendet sie Zutaten aus kontrolliert biologischem, überwiegend regionalem Anbau. Die Gäste mögen ihre Küche – selbst wenn sie keine Vegetarier sind. Gute Weine gibt es auch; sie werden gern hervorgeholt, wenn alle gemütlich in der Wohndiele beisammensitzen oder man sich im Sommer draußen um ein Lager-feuer gesellt. Viele Gäste kommen aber auch im Winter – das Haus am Watt hat das ganz Jahr über geöffnet.

Der Pferdestall wurde zu einem Seminarraum umgebaut, in dem Yoga- und Qi-Gong-Kurse stattfinden. Auch Massagen können gebucht werden. Zudem werden spezielle Yoga-Familienferien angeboten, in denen Kinder spielerisch an Yoga herangeführt werden. Damit die Eltern die nötige Ruhe für die Übungen finden, gibt es außerdem teil-

weise eine Kinderbetreuung während der Yoga-Kurszeiten. Überhaupt sind Haus und Umgebung ideal für Familien mit Kindern: Es gibt viel Platz zum Spielen, einen großen Garten mit alten Obstbäumen und Liegewiesen, ein Teichbiotop, ein Trampolin, eine riesige Sandkiste voller Spielzeug, einen Platz fürs Lagerfeuer, Hühner, Katzen, Ponys und Pferde.

Wer mag, bucht das Familien-Erlebnisprogramm für eine Woche mit Wattwanderung, Schifffahrt, Naturschutz-Informationen sowie Besuchen im Tierpark und bei der Robbenaufzuchtstation. Baden kann man natürlich auch, zum Beispiel am kilometerlangen Sandstrand von St. Peter-Ording (ca. 20 Kilometer entfernt). Und auch sonst gibt es interessante Ausflugsmöglichkeiten – etwa den Hochseilgarten oder den Steinzeitpark in Albersdorf.

Detlef Jens

ADRESSE

Haus am Watt
Heingsanderstr. 4
25764 Heringsand
Tel. 04833/18 11
Fax 04833/42 42 75
info@hausamwatt.de
www.hausamwatt.de

PREISE

EZ 65 bis 75 Euro
DZ ab 90 Euro
Familienzimmer ab 100 Euro
Apartment ab 100 Euro
Haus 690 bis 990 Euro/Woche

BESONDERHEITEN

Regionale Bioküche; verschiedene einwöchige Yoga-Seminare; Familien-Erlebnisprogramm mit dem NABU rund um den Nationalpark Wattenmeer

Ausritte und Reitunterricht in Kooperation mit dem Ponyhof Norddeich

FAMILIENPUNKTE

Yoga-Familienferien; viele Tiere; Ponyreiten am Haus; schöne Ausflugsmöglichkeiten wie Schifffahrten zu den Seehundbänken, Westküstentierpark und Dünentherme in St. Peter-Ording

HOTEL LANDHAUS AN DE DÜN

ANKOMMEN UND ENTSPANNEN

Schöne Aussichten: fantastische Sonnenuntergänge, strandnah und eine eigene Düne im Garten.

Mit Historie kann das „Landhaus an de Dün“ nicht aufwarten. Und doch ist das Hotel aufgrund seiner einmaligen Lage etwas ganz Besonderes: Im großzügigen Garten liegt die hoteleigene Düne, und nur ein paar Gehminuten entfernt schweift der Blick über Salzwiesen, Nordseedünen und kilometerlangen Sandstrand bis hin zu den urigen Pfahlbauten an der Wasserkante, die sich zehn Meter hoch und schemenhaft wie ein Schattenspiel über dem Meer erheben. Abend für Abend bezaubert die in der Nordsee versinkende Sonne, prall und rot glühend wie ein Feuerball. Ein Sonnenuntergang, der selbst für die Einheimischen, die die Pfahlbauten bewirtschaften, etwas ganz Besonderes ist – etwa von der „Seekiste“ aus oder in der „Sansibar Arche Noah“, wo übrigens auch die exquisite Seezunge einen Blick wert ist. In dieses Idyll von St. Peter-Ording an der Spitze der Halbinsel Eiderstedt stellte 1995 der Hamburger Bauinge-nieur Dierk Schönborn gemeinsam mit seiner Ehefrau Christina das kleine Luxusdomizil. 15 Zimmer und

Junior-Suiten in angenehmer Größe – man kann sich auf 25 oder 45 Quadratmetern ausbreiten – laden im Ortsteil Bad in der Nähe des Kurzentrums zum Wohlfühlen und Entspannen ein. Individuell und ansprechend ist die Inneneinrichtung, die bis ins kleinste Detail, etwa schicke Kleiderbügel und eine Stereoanlage, stimmt. Dass jedes Zimmer über Bademäntel verfügt, versteht sich von selbst. Auf der privaten Dachterrasse der Suiten warten gleich zwei Strandkörbe – Platz genug also, auch wenn man die Räume zu viert bewohnen sollte. Eine Flasche Sekt und eine Schale Erdbeeren stehen zudem zur Begrüßung bereit. Viel Platz für Familien bieten die speziellen Landhaus-Studios mit einem gemütlichen Wohnzimmer und zwei nebeneinander liegenden Doppelzimmern mit Verbindungstür, die jeweils über ein separates Bad verfügen.

Exklusiv und persönlich verwöhnt das junge Team unter Leitung von Mirco Schönborn, Sohn des Eigentümers, und seiner Ehefrau Heike die Gäste. Die Erlebnisbadelandschaft im Souterrain ist ausschließlich den Hausgästen vorbehalten. Mit Massage- und Sprudeldüsen, Wildwasserkanal, Whirlpool, Sauna, Solarium, Ruheliegen und Poolbar bietet sie alle Annehmlichkeiten, die ein Ausspannen garantieren. Auch Anwendungsräume stehen hier bereit. Die Wandbemalung entführt den Gast in südliche Gefilde, in das Land, wo die Zitronen blüh'n – und sorgt somit auch an grauen Nordseetagen für sonniges Flair. Bei gutem Wetter verführt der Garten zum Relaxen. Als Hotel garni konzipiert, wurde die Nobelherberge mit mehreren Sternen klassifiziert. Am Nachmittag serviert das Café mit angeschlossener Terrasse, das 38 Gästen Platz bietet, stets wechselnde Sorten hausgemachten Kuchen und frische Waffelspezialitäten. Am Abend können hier Hausgäste auch kleine Leckereien zu sich nehmen, am Kamin sitzen und an der Bar einen Aperitif oder einen Schlummertrunk genießen. Auch an Eltern mit kleinen Kindern ist gedacht: Das hauseigene Babyfon reicht bis hierhin. Das Konzept geht auf: Wer einmal im Landhotel genächtigt hat, wird schnell zum Stammgast.

Elke Backert

ADRESSE

Hotel Landhaus an de Dün
Im Bad 63
25826 St. Peter-Ording
Tel. 04863/960 60
Fax 04863/96 06 60
kontakt@Hotel-Landhaus.de
www.hotel-landhaus.de

PREISE

DZ 140 bis 215 Euro
Familienzimmer 360 bis 450 Euro
Junior-Suite 180 bis 225 Euro
EC-Kartenzahlung möglich

BESONDERHEITEN

Großzügiges Erlebnisschwimmbad ausschließlich für Hausgäste; spezielle Wellnessangebote für sie und ihn, „Aktiv-Fahrrad-Tage" oder „Landhaus-Schnupper-Tage"

FAMILIENPUNKTE

Mit seinem weiten Sandstrand, dem Westküstenpark und der Erlebnispromenade mit Wasserspielplatz etc. ist St. Peter-Ording ein attraktives Ziel für Familien mit Kindern

RACKMERS HOF FÖHR

EINE OASE MIT TRADITION

Alte Obstbäume, schmuckes Reetdach und friesischer Charme: Der „Rackmers Hof" auf Föhr ist pure Ferienidylle.

Halligschinken, Föhrer Ziegenkäse oder lieber Birnenkompott? Das Frühstücksbüfett im alten Kapitänshaus macht es den Gästen mit seiner Auswahl an Nordsee-Leckereien nicht leicht. „Probieren Sie doch mal das Birnenkompott", rät Inhaberin Marianne Roeloffs, die gerade mit frischem Kaffee hereinkommt. „Wir haben es aus den Früchten im Garten gemacht." Sie tritt an die Sprossenfenster und zeigt auf die Birnbäume im weitläufigen Obstgarten, zwischen denen – locker verteilt – einige grün-weiß gestreifte Strandkörbe stehen.

Das Erstaunliche: Obwohl auf „Rackmers Hof" vieles alt ist, wirkt nichts „olsch", sondern auf angenehme Weise zeitlos. Eine Wirkung, auf die Marianne Roeloffs stolz ist. Sie hat das Anwesen der Schwiegereltern nach ihren Ideen umbauen lassen und Rackmers (so der Spitzname des Großvaters) Hof neu erfunden. Seit sieben Generationen sind Haus und Hof auf der Nordsee-Insel Föhr im Besitz der Familie. 1840 hat Peter Lütjens das Kapitänshaus mit Scheune

im Dörfchen Oevenum gebaut. Seine Nachkommen nutzten es als Bauernhof. „Mein Großvater war aber nicht nur Landwirt, sondern auch Amtsvorsteher", erzählt Brar Roeloffs. Wo heute die Rezeption ist, war früher die Amtsstube. Nach dem Tod der Großeltern stellte sich die Frage: Verkaufen oder nicht? Marianne Roeloffs, die aus einer Gastronomiefamilie stammt, hatte eine Idee: Eine Mischung aus Ferienapartments und Hotel, aus Friesencharme und modernem Design sollte das Haus werden – etwas, das es bislang so noch nicht gab auf Föhr. Die weißen Mauern mit den Rosenstöcken, dem Reetdach und den Holzfußböden blieben erhalten. In das alte Kapitänshaus zogen Rezeption, Hotelküche, Frühstücksraum und Café ein, ein großzügiger Saunabereich im Anbau folgte. Der Schweinestall wurde in vier nebeneinander liegende Suiten verwandelt, alle mit Terrasse und über zwei Ebenen.

Dazu ließen die Roeloffs zwei weitere Häuser im selben Stil in den Obstgarten bauen. Darin befinden sich ebenfalls zweistöckige komfortable Suiten. Oben unterm Reetdach wird geschlafen, unten gekocht, gegessen, entspannt. Optisch kann man kaum unterscheiden, ob man sich im Alt- oder im Neubau aufhält. Die Holzdecken sind überall weiß lackiert, die Eingangstüren schwer, die Sprossenfenster werden nach alter norddeutscher Art mit kleinen Häkchen verschlossen. Die Möbel im modernen Design bilden einen angenehmen Kontrast.

Trotz der Erweiterung ist Rackmers Hof mit seinen elf Apartment-Suiten ein familiäres Haus. Nach dem Frühstück schlendern die Gäste zu ihren Terrassen zurück und setzen sich in die Morgensonne. Zwei Kinder flitzen quietschend durch den Garten, pflücken Äpfel und Quitten. Ansonsten hört man nur Vogelgezwitscher. Denn Oevenum ist ein wie verzaubert wirkendes Puppenstubendorf. Alte Backsteinhäuser in blühenden Bauerngärten, schmale Straßen, nur wenige Autos. Es gibt keine Restaurant- oder Boutiquenmeile, dafür einen Dorfkrug – vor allem aber viel Weite und Erholung pur.

Bettina Laude

ADRESSE

Rackmers Hof Föhr
Buurnstrat 1
25938 Oevenum
Tel. 04681/74 63 77
Fax 04681/741 28 44
rackmers@online.de
hotel@rackmers.de
www.rackmers.de

PREISE

Familienzimmer ab 136 Euro
Suite ab 116 Euro

EC- und Kreditkartenzahlung möglich

BESONDERHEITEN

Wellnessbereich mit finnischer Sauna und Biosauna, Golfangebote inklusive Greenfee für den einzigartigen 27-Loch-Inselgolfplatz, „Fahrrad-Woche" mit günstigen Übernachtungsangeboten inkl. Fahrradverleih

FAMILIENPUNKTE

Familiensuiten mit 1–2 Schlafräumen für max. 3 Personen plus Babybett; Spielplatz und Angebote für Kinder in der Nähe; kilometerlange Sandstrände, Wattwanderungen, Schiffsausflüge

HOTEL
RESTAURANT

SEEBLICK GENUSS UND SPA RESORT AMRUM

RÜCKZUGSORT FÜR JEDE JAHRESZEIT

Das familiäre Hotel auf Amrum bietet an 365 Tagen im Jahr eine hervorragende Küche.

„Für die einen ist die Insel, zumal um diese Jahreszeit, wie ein Märchen. Für die anderen ein Albtraum“, meint Nicole Hesse, Mitgeschäftsführerin des Hotels „Seeblick“ in Norddorf. „Die meisten lieben es aber hier“, fügt sie lachend hinzu. Kein Wunder, nirgendwo sonst in so geringer Entfernung von Hamburg ist es so ruhig, fühlt man sich so sehr in eine andere Welt versetzt. Jetzt im Winter haben die meisten Restaurants und Hotels Ferien, die abendlichen Aktivitäten beschränken sich auf ein gemütliches Essen vorm flackernden Kamin im Seeblick, dazu etwas Wein, dann kann man lesen und den Tag nach ausgedehnten Strandwanderungen ausklingen lassen. Ist das ein Leben!

Nicole Hesse betreibt mit ihrem Mann, dem Küchenmeister Gunnar Hesse, und ihrer Schwiegermutter Angelika in der vierten Familiengeneration das Hotel Seeblick. Es ist eines der wenigen auf der Insel, die auch im Winter geöffnet haben, und wohl das einzige hier, das durchgängig im Jahr kompletten Küchenservice anbietet. Diese Küche ist

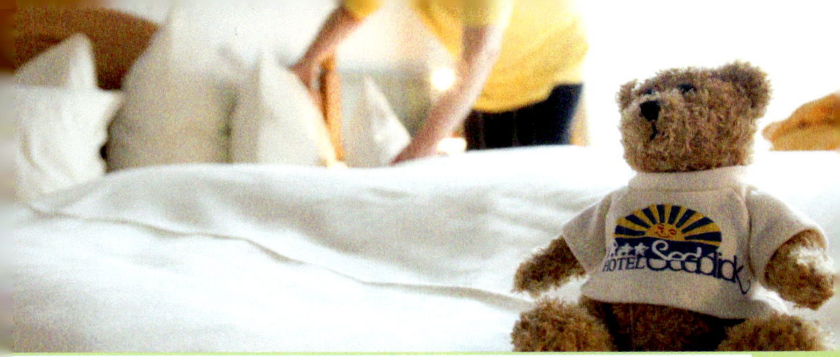

hervorragend; verwendet werden vor allem frische Zutaten aus der Region. Rinder, Gänse und Kräuter liefert ein hiesiger Landwirt, das Salzwiesenlamm kommt von Eiderstedt oder Föhr, und die Austern werden bei Ebbe auf Amrum eingesammelt. Eine Sterneküche findet man im Seeblick jedoch nicht. Zwar hat das Ehepaar Hesse viel in Sternerestaurants gearbeitet, aber hier würde so etwas nicht passen. Geboten wird vielmehr eine deftige, frische Landküche regionaler Spezialitäten mit dem einen oder anderen Leckerbissen für Gourmets.

Nicole und Gunnar Hesse stiegen 2000 in den Familienbetrieb auf Amrum ein. Das ursprüngliche Haus Seeblick von 1913 wurde 1982/83 abgerissen und ganz neu wiederaufgebaut. Heute hat das Hotel 22 Doppelzimmer, 20 Einzelzimmer, sechs Suiten und 14 Ferienwohnungen, dazu noch Spielplätze, zwei Schwimmbäder und verschiedene Saunen. Viele Familien kommen in dieses freundliche, unkomplizierte Haus. In den Suiten mit Wohnzimmer und zwei Schlafzimmern finden bis zu vier Personen Platz. Im Restaurant verweilen Kinder gern in der Spielecke mit Büchern, Bausteinen und Malsachen, sodass die Eltern ihr Essen ganz in Ruhe genießen können. Amrum ist beliebt, wenn man Ruhe und Abgeschiedenheit mag. Aktivitäten für tagsüber gibt es viele, das Amrum-Touristikprogramm bietet auch Veranstaltungen für Kinder. Abends gibt es für Erwachsene gerade mal eine Kneipe, die Disco hat nur am Wochenende geöffnet, das Kino einmal die Woche. Amrum ist nicht Sylt. Das Seeblick ist es auch nicht. Es ist gemütlich, freundlich, rustikal, familiär, aber weder schick noch cool. Im Sommer kann man Sylt per Schiff von Amrum aus erreichen. Das ist dann eine nette Abwechslung. Doch, wie gesagt, wer Amrum mag, kehrt immer wieder gern zurück.

Detlef Jens

ADRESSE

Seeblick Genuss und
Spa Resort Amrum
Strunwai 13
25946 Norddorf / Amrum
Tel. 04682/92 10
Fax 04682/25 74
mail@seeblicker.de
www.seeblicker.de

PREISE

EZ 70 bis 95 Euro
DZ 110 bis 165 Euro
Familienzimmer 95 bis 155 Euro
Suite 140 bis 225 Euro

EC- und Kreditkartenzahlung möglich

BESONDERHEITEN

Das Hotel verfügt über zwei Schwimmbäder, Außensauna, finnische Sauna, Dampfbad, Tepidarium sowie einen Kosmetik- und Beautybereich; drei-/fünftägiger Kochkurs buchbar

FAMILIENPUNKTE

Familiensuiten; Spielecke im Restaurant; Spielplatz im Garten mit Schachbrett, Schaukel und Sandkiste; „Abenteuerland“ zum Spielen und Toben in Norddorf

INSELHO
REZEPTI

MEIN INSELHOTEL

FERIENGLÜCK AUF AMRUM

Das kleine, familiäre „Inselhotel" ist ein Ort, an den man gern zurückkehrt.

Als Kerstin Jöns nach Amrum kam, wollte sie eigentlich nur drei Monate bleiben – für einen Sommerjob in der Gastronomie. Viele Jahre später ist sie noch immer hier. Dies liegt auch an Gunnar Jöns, dem sie 1993 über den Weg lief. Gemeinsam mit dem gebürtigen Amrumer hat sie das ehemalige Hotel „Graf Luckner", das Gunnar Jöns von seinen Eltern übernommen hatte, komplett umgestaltet und in neuem Glanz als „Mein Inselhotel" wiedereröffnet. „Unsere Wunschvorstellung war, das Hotel sehr individuell zu gestalten", sagt die Hausherrin. Das ist gelungen. Schon der Weg durch das helle Treppenhaus ist einladend. Bis in Handlaufhöhe sind die Wände grasgrün gestrichen, darüber strahlt alles weiß. Alle 15 Zimmer sind farblich unterschiedlich gestaltet. „Wir wollten in den Zimmern die einzelnen Charaktere der Insel widerspiegeln", erklärt Kerstin Jöns. Und so heißen sie nicht nur „strandrosenRot", „meeresBlau" oder „kniepSand", sondern verbreiten auch eine solche Stimmung. In den modernen Bädern wird die jeweilige

Farbe bei den Fliesen wieder aufgegriffen. Gerade die kleinen liebevollen Details sind es, die den Aufenthalt bei Familie Jöns so angenehm machen. Obwohl das Hotel in einer kleinen Seitenstraße mitten in Norddorf liegt und man fußläufig eine Reihe von Gaststätten erreichen kann, buchen viele Gäste Halbpension. Gunnar Jöns ist ausgebildeter Koch und verwöhnt abends kulinarisch die Hotelgäste. Zu „Graf Luckner"-Zeiten hatte das Haus ein öffentliches Restaurant. „Aber für unsere Hausgäste ist es jetzt viel ruhiger, und sie haben ihren Tisch den ganzen Abend", sagt der Hausherr. Auf einem goldenen Spiegel steht das Drei-Gänge-Menü für den Abend. Vorspeise und Dessert sind festgelegt, beim Hauptgang kann man zwischen Fleisch und Fisch wählen. Entsprechend kauft der Küchenchef dann ein. Er versuche, möglichst regionale Produkte aus Schleswig-Holstein zu verarbeiten, betont

Jöns. Und so gibt es viel Lamm und Gemüse der Saison. Noch hat das Restaurant einen rustikalen Charme, aber auch hier will Kerstin Jöns behutsam Veränderungen vornehmen. Gegessen wird früh. „Die Gäste sind den ganzen Tag draußen unterwegs", sagt die Hausherrin, „die haben dann abends richtig Hunger." Das kann man nur bestätigen. Die frische Nordseeluft macht hungrig und müde. Deshalb sitzen auch viele Frühaufsteher beim Frühstücksbüfett, denn alle haben gut geschlafen, und es drängt sie wieder an den Kniepsand oder aufs Fahrrad oder in den Garten vor dem Hotel, in dem Strandkörbe und eine schöne Holzterrasse ausreichend Platz bieten. Wenn es regnet, lockt die Sauna (finnisch oder mit Dampf). Und wer rechtzeitig bucht, kann darüber hinaus bei einer ayurvedischen Massage entspannen.

Kerstin und Gunnar Jöns, die mit ihren drei Kindern auch im Haus leben, haben ihre Vorstellung von Gastlichkeit so formuliert: „So wie man selbst aufgenommen werden möchte, wenn man irgendwo hinkommt", so willkommen solle sich der Gast fühlen. Wer wieder abreist, nimmt genau dieses Gefühl mit.

Elisabeth Jessen

ADRESSE

Mein Inselhotel
Madelwai 4
25946 Norddorf/Amrum
Tel. 04682/945 00
Fax 04682/94 50 37
info@mein-inselhotel.de
www.mein-inselhotel.de

PREISE

EZ ab 75 Euro
DZ ab 65 Euro

EC-Kartenzahlung möglich

BESONDERHEITEN

Finnische Sauna und Biosauna, zur privaten Nutzung; ayurvedische Massagen; viele Sportmöglichkeiten wie Crossgolfen am Strand; Katamaran-Segelkurse buchbar

P

FAMILIENPUNKTE

Hauseigener Garten; im Sommer gemeinsames Grillen; Fußweg zum Strand, Rad- und Wandertouren; geführte Wattwanderungen, Reitkurse auf Islandpferden

BARBIAN FAMILY HOUSE

EIN PARADIES FÜR DIE GANZE FAMILIE

Im „Barbian Family House" in Keitum auf Sylt stehen Kinder im Mittelpunkt.

Welches Paar mit Kleinkindern träumt nicht davon, in einem reetgedeckten Landhaus auszuspannen und den Nachwuchs dabei und in bester Obhut zu wissen? Dass dies möglich ist, zeigt das „Barbian Family House". Das rote Backsteinhaus liegt am Dorfrand von Keitum; schon an der Eingangspforte werden die Gäste von lächelnden Drachen begrüßt, die darauf hindeuten, dass hier Elfen, Kobolde und andere Fabelwesen wohnen.

Betrieben wird die zauberhafte Herberge, die in ihrer Art wohl einzigartig in Deutschland ist, von Marita und Guido Barbian. Mit ihrem Konzept schließen sie eine Marktlücke. Guido hat als Professor einen Lehrstuhl für Wirtschaftsinformatik an der Universität Lüneburg. Seine Frau Marita übernahm 2002 die Leitung der Inselklinik Sylt in Westerland. „Wir stellten schnell fest, dass dies ein toller Platz zum Leben ist. Die Liebe zur Insel brachte uns dazu, den Lebensschwerpunkt hierher zu verlegen", sagt die Gastgeberin. Da das Paar zwei Kinder hat, kennen sie die Umstände, eine

geeignete Ferienunterkunft zu finden. „So entstand die Idee, ein Hotel für Kinder in Begleitung von Erwachsenen zu kreieren“, erläutert Guido schmunzelnd das Konzept. Ein Jahr lang habe man darüber gebrütet, eine optimale Herberge für die jüngste Klientel zu schaffen. Und in der Tat wird alles getan, um den Aufenthalt für die Kinder so angenehm wie möglich zu gestalten. Dazu gehören der niedrige Waschtisch in den Badezimmern, das Treppenschutzgitter und das Bettwäschedesign, das sich die Kinder selbst aussuchen dürfen. Windeln und Babynahrung befinden sich im Minibarservice. Die Kinderbetreuung ab vier Monaten bis zu sechs Jahren übernehmen Sozialpädagoginnen in der Baby & Kids Lounge. Besonders beliebt sind die Babyfon-Abende. „So können die Eltern auch mal wieder Zeit für sich finden und etwas unternehmen, ohne ein schlechtes Gewissen zu haben“, sagt

Marita. Hinzu kommt die familiäre Atmosphäre des kleinen Hauses, das sieben Suiten bereithält. Vier davon sind mit eigenen Biokombisaunen ausgestattet, wahlweise als Trocken- oder Dampfsauna nutzbar. Sogar Kinder finden Gefallen daran, da sie auf angenehme 30 Grad eingestellt werden können.

Die Betreuer sind mit viel Engagement dabei. Man merkt, dass ihnen das Wohlergehen der Kinder das Wichtigste ist. Im Sommer finden Aktivitäten im „Zaubergarten" statt, in dem es viel zu entdecken gibt. Auf den Schwimmteich mit Kinderbecken sind die Barbians besonders stolz. Ganzjährig finden auch Kinderausflugsprogramme statt – zwei Baby & Kids Shuttle, mit Babyschalen und Kindersitzen ausgestattet, stehen bereit.

Beim Frühstücksbüfett fehlt es an nichts, das Angebot beinhaltet auch Babynahrung. Sehr beliebt sind die regelmäßig stattfindenden Familiendinner. Dann zaubert der Küchenchef eine kreative, junge Küche für alle, an warmen Abenden als Barbecue im Garten. „Bei uns finden anspruchsvolle Familien ein konsequent auf ihre Bedürfnisse ausgerichtetes Angebot und können mit Baby und Kind niveauvoll wohnen", stellt die Hausherrin fest. Ein Konzept, das schon viel Anerkennung gefunden hat.

Michael Pasdzior

ADRESSE

Barbian Family House
Keitumer Süderst. 64a
25980 Keitum/Sylt
Tel. 04651/99 59 13
Fax 04651/995 91 59
info@barbian-family-house.de
www.barbian-family-house.de

PREISE

Suite 250 bis 355 Euro

EC-Kartenzahlung möglich

BESONDERHEITEN

Original Reethuus mit 4000 qm großem Zaubergarten, angelegt mit Spiel-, Entspannungs- und Verweilbereichen für die ganze Familie; Schwimmteich mit Kinderbecken

Berücksichtigung spezieller Essenswünsche oder Unverträglichkeiten

FAMILIENPUNKTE

Betreuung für Kinder von 4 Monaten bis 6 Jahre; umfangreiche Kinderausstattung wie Wickeltisch, Bademäntel, Babyfone mit Reichweite im gesamten Haus und Garten; fantasievolle Spielbereiche innen und außen

P

KAMPS HOTEL GALERIE UND CAFÉ

EINE GALERIE DER MÖGLICHKEITEN

Kennzeichen des „Kamps" in Keitum auf Sylt sind sein köstlicher Kuchen und die Kunst.

Was gibt es Schöneres als ein ausgedehntes Frühstück im Strandkorb? Dies lässt sich im „Kamps" in Keitum auf Sylt verwirklichen. Mit Rücksicht auf Langschläfer bleibt fürs Frühstück bis zwölf Uhr gedeckt – Zeit genug also, um die erholsame Seite der Sylter „Champagnerluft" auszukosten. Die sorgt nämlich nicht nur für frischen Wind in der Seele, sondern macht die meisten Nicht-Sylter auch ziemlich müde.

Das Hotel Kamps liegt am Dorfrand von Keitum. In dem ehemaligen Hauptort der Insel ist es ruhiger als etwa in Westerland mit seiner hektischen Betriebsamkeit oder im mondänen Kampen. Der kleine Ort am Ostufer der Insel mit seinem gewachsenen Dorfkern, den vielen alten Reetdachhäusern und der gemütlichen Atmosphäre wurde geprägt von den vielen Kapitänen, die sich hier im vorvorigen Jahrhundert niederließen.

Besitzerin des Hotels ist die gebürtige Keitumerin Cornelia Kamp; bei dem langgestreckten Reetdachhaus han-

delt es sich um ihr Elternhaus. Nachdem sie 14 Jahre lang in der Hamburger „Galerie Brockstedt“ als Galeristin arbeitete, wollte sie gern „in einem kleinen Hotel die Verbindung von Kunst und Tourismus verwirklichen“. Dies ist ihr überzeugend gelungen. In dem Hotel, das sie seit 1996 führt, befinden sich vier Doppelzimmer und drei Apartments. Letztere gibt es wahlweise mit einem, zwei oder drei Räumen. Zusätzlich sind sie mit einer Pantryküche ausgestattet und haben eine kleine Terrasse mit Strandkorb, in dem es sich gemütlich faulenzen lässt. Alle Räume sind liebevoll im modernen Landhausstil eingerichtet. Zwischen mediterranen Farben, Antiquitäten und viel Sonnenlicht fällt es leicht, sich zu entspannen.

In dem Reetdachhaus befindet sich ein öffentliches Café, das zu den beliebtesten der Insel zählt. Serviert wird hervorragender, ausschließlich selbst gebackener Kuchen. Auch Gäste, die hier nicht wohnen, kommen zum Frühstück in das moderne und helle Café. Die Atmosphäre im Kamps ist geprägt von der humorvollen Art der Gastgeberin. Da die Kunst in ihrem Leben eine große Rolle spielt, ist sie mittlerweile zum Schwerpunkt des Hotelkonzeptes geworden. So werden Maler, Fotografen und Bildhauer in wechselnden Ausstellungen gezeigt. Inzwischen gibt es viele Stammgäste, die Kunst nicht nur ansehen, sondern auch für zu Hause erwerben. Hin und wieder führt Cornelia Kamp Gäste durch Lesungen zusammen, und der Zuspruch ist enorm. Was kein Wunder ist angesichts so klangvoller Namen wie Roger Willemsen, Michael Altmann oder Edgar Bessen. Auch der Nobelpreisträger Günter Grass war da, um aus seinen Werken vorzulesen; dazu gab es eine Ausstellung mit frühen Zeichnungen und Lithographien. Wer nicht bei einer prominent besetzten Lesung dabei sein kann – das Café hat nur 40 Plätze – oder will, sollte alternativ das Heimatmuseum oder die Kirche St. Severin besuchen. Folgerichtig rät Frau Kamp, drei Dinge mitzubringen, wenn man Sylt besucht: „Gummistiefel, einen dicken Pullover und Badezeug. Denn Keitum und Umgebung lohnen immer einen Besuch – egal, wie das Wetter gerade ist."

Michael Pasdzior

ADRESSE

Kamps Hotel Galerie und Café
Gurtstich 41
25980 Keitum/Sylt
Tel. 04651/983 90
Fax 04651/98 39 23
urlaub@kamps-sylt.de
www.kamps-sylt.de

PREISE

DZ 99 bis 159 Euro
Suite 120 bis 210 Euro
Haus 230 bis 290 Euro

EC-Kartenzahlung möglich

BESONDERHEITEN

Café mit hausgebackenem Kuchen; schöner Garten mit Strandkörben; in der Galerie finden wechselnde Ausstellungen nationaler und internationaler Künstler statt

FAMILIENPUNKTE

Apartment für bis zu 4 Personen, mit Pantryküche, 2 Schlafzimmern, Wohn- und Esszimmer, eigener Terrasse und Strandkorb; Beistellbett für Kleinkinder

P

ROMANTIK HOTEL BENEN-DIKEN-HOF

FERIENGLÜCK AUF SYLT

Reetdach, strahlendes Weiß und duftende Heckenrosen: Das Landhotel präsentiert sich friesisch einladend.

Zwei große Koppeln, auf denen Schafe weiden, bestimmen das Bild beim Ankommen. Dann fallen die acht Gebäude ins Auge, die sich auf dem 20 000 Quadratmetergroßen Grundstück gruppieren. In ihnen befinden sich die Zimmer, Suiten und Ferienapartments des Romantik Hotels. Ursprünglich stand hier nur ein Reetdachhaus „hinter dem Deich", was auf Sylter Friesisch „Bene Diken" bedeutet. Es wurde als Ruhesitz eines Kapitäns 1841 erbaut. Die Großeltern des heutigen Besitzers, Claas-Erik Johannsen, betrieben es als Bauernhof. Seine Eltern gaben die Landwirtschaft 1963 zugunsten der Hotellerie auf. Seit 1996 setzt Claas-Erik gemeinsam mit seiner Frau Anja die Tradition fort. Beide haben viele Ideen in die Gestaltung des Hauses eingebracht und eine Oase der Ruhe und Erholung geschaffen.

Die Einrichtung ist überwiegend „friesisch modern interpretiert und reduziert, mit Beziehung zum Ursprünglichen", so die Hausherrin. Das Interieur ist in hellen Farbtönen

gestaltet; es wurden ausschließlich hochwertige Materialien verwendet. Für Familien stehen großzügige Apartments mit Küche, mehreren Schlafzimmern sowie Kamin oder Kachelofen bereit. Damit sich auch die kleinsten Gäste besonders wohlfühlen, findet an fünf Tagen pro Woche vormittags ein Kinderprogramm mit verschiedenen Aktivitäten statt. Darüber hinaus gibt es ein Kinderspielzimmer und einen Spielplatz inklusive Betreuung – und natürlich eine große Wiese vor dem Haus zum Herumtoben.

Einen hohen Stellenwert haben Kunst und Kultur in dieser „Insel auf der Insel“, wie der Hausslogan lautet. Daher werden in wechselnden Ausstellungen Gemälde, künstlerische Fotografien und Skulpturen gezeigt. Obwohl es sich um ein größeres Haus handelt, mangelt es keineswegs an Intimität. In der gemütlichen Teestube etwa mit ihren alten Delfter Kacheln kann man sich zu selbst gebackenem Kuchen zurückziehen.

Auch der geschmackvoll gestaltete Wellnessbereich und besondere Angebote wie Klangschalenmassagen laden zum Erholen ein. Für Teens und Twens gibt es eigens ein Maniküre- und Pediküre-Angebot im Stil der Hollywoodstars. Ein

Schwimmbad befindet sich getrennt vom Wellnessbereich an anderer Stelle des Hotels.

Im Hotelrestaurant bietet Julien Dherbecourt eine anspruchsvolle bodenständige Küche mit französischem Einschlag. Für den aus Nordfrankreich stammenden Küchenchef sind die vielen guten Mitbewerber auf der Insel Herausforderung und Ansporn zugleich. In dem im Landhausstil eingerichteten Restaurant „Kökken“ kann man unter Menüvorschlägen von drei bis fünf Gängen sowie Gerichten à la carte wählen. Seit Anfang 2010 ist das Hotel Mitglied bei „Feinheimisch“, einem Zusammenschluss von Restaurants und Produzenten, die sich als Bewahrer und Förderer einer genussvollen, nachhaltigen und regional geprägten Esskultur verstehen. Auch Einführungswochen in meatbolic balance, mit dem Ziel einer Ernährungsberatung und -umstellung, werden angeboten.

Nach langen Strandspaziergängen, Wattwanderungen oder sportlichen Aktivitäten kann man den Tag schließlich in der gemütlichen Bar des Hauses abschließen.

Michael Pasdzior

ADRESSE

Romantik Hotel
Benen-Diken-Hof
Keitumer Süderstraße 3–5
25980 Keitum/Sylt
Tel. 04651/938 30
Fax 04651/938 31 83
info@benen-diken-hof.de
www.benen-diken-hof.de

PREISE

EZ 120 bis 215 Euro
DZ 148 bis 338 Euro
Familienzimmer 258 bis 540 Euro
Suite 230 bis 398 Euro
Studio 282 bis 398 Euro

EC- und Kreditkartenzahlung möglich

BESONDERHEITEN

Schwimmbad im Haus; Wellnessbereich mit besonderen Massageangeboten; wechselnde Kunstausstellungen; „Feinheimische Küche“ mit vorwiegend regionalen Produkten; Ernährungsberatung

FAMILIENPUNKTE

Familienapartments mit Kamin oder Kachelofen; Spielzimmer und Spielplatz mit Betreuung; an 5 Tagen pro Woche vormittags Kinderprogramm mit verschiedenen Aktivitäten

GRAND SPA RESORT A-ROSA SYLT

FAMILIENURLAUB VOM FEINSTEN

Kinder freuen sich über die strandnahe Dünenlage, Erwachsene über den großen Wellnessbereich.

Als aus der Tiefgarage plötzlich ein röhrender Sportwagen nach dem anderen rollt, ist es vorbei mit der Ruhe. Doch der Spuk dauert nicht lange – und ist dem Umstand geschuldet, dass der Ferrari-Club Deutschland zum Jahrestreffen ins „A-Rosa Resort" auf Sylt geladen hat. Ansonsten ist es hier, am Ortseingang von List, eher still. Das Haus fügt sich trotz seiner üppigen Dimensionen gut in die Dünenlandschaft ein, und dass man auch in einer großen Anlage mit 147 Zimmern und 30 Suiten herzlich begrüßt und professionell umsorgt werden kann, beweisen die etwa 200 Mitarbeiter des im Frühjahr 2010 eröffneten Hotels schon beim Betreten des Foyers. Nach dem Check-in führt der Weg durch eine Glastür hinein in die große Lounge, die mit Bar und dem großen Gaskamin ein zentraler Treffpunkt der Gäste ist. Links von der Bar geht es zu zwei der drei Restaurants, rechts zur großen Bibliothek, einem ruhigen Nebenraum mit Terrasse und der Raucher-Lounge. Die Einrichtung ist modern, aber nicht überzogen stylish, farblich

dominieren dezente Erdtöne. Überall im Haus findet man Skulpturen aus Naturmaterialien, manchmal sind es einfach kunstvoll arrangierte, knorrige Äste.

Die Zimmer sind alle in ähnlichem Stil möbliert, zwei Drittel haben Meerblick, einige einen Balkon. Für Familien gibt es große Familienzimmer sowie Zimmer mit Verbindungstür. Hotel und Wasser trennt lediglich ein kleiner Dünenkamm; die Nähe zur See macht sich auch im Wellnessbereich bezahlt. Der ganzjährig beheizte Pool mit Innen- und Außenbereich wird per Direktleitung mit frischem Nordseewasser gespeist, die Thalasso-Anwendungen bleiben authentisch. Das Spa ist mit 3500 Quadratmeter Fläche auf der Insel konkurrenzlos, 18 Behandlungsräume, ein Sportbereich, ein Haarsalon, ein Yogaraum und sechs Themensaunen gehören dazu. Im Kinder- und Jugendklub „Rosini's" sind Kinder und Jugendliche

von 3 bis 15 Jahren herzlich willkommen; bis auf montags ist er jeden Tag bis 18 Uhr geöffnet. Geleitet wird das Haus von Frank Nagel, zuvor General Manager im A-Rosa in Travemünde und seit 2011 Geschäftsführer für die Belange aller Häuser der Gruppe. Das mehrfach ausgezeichnete Gourmetrestaurant „La Mer" wartet mit kulinarischem Hochgenuss auf; Sebastian Zier führt hier als Küchenchef Regie. Ihm steht mit Christain Hümbs ein Chef-Pâtissier zur Seite, der die Gäste mit einer Armada kleiner Köstlichkeiten verwöhnt. Neben dem „La Mer" gibt es noch das À-la-carte-Restaurant „Spices" mit asiatischen Spezialitäten und die „Cucina della Mamma" im Stile einer modernen italienischen Trattoria. Ein Büfett-Restaurant wie in anderen A-Rosa-Häusern ist auf Sylt nicht Teil des Konzepts. Weil es ein paar Eventräume gibt, die der normale Gast nicht sieht, werden auch künftig immer mal wieder größere Gruppen einen Teil des Hauses füllen. Aber wenn sie nicht mit dem Ferrari kommen, wird man sie womöglich gar nicht bemerken.

Georg J. Schulz

ADRESSE

Grand Spa Resort A-Rosa Sylt
Listlandstraße 11
25992 List/Sylt
Tel. 04651/96 75 00
Fax 04651/96 75 07 99
sylt@a-rosa.de
www.a-rosa.de

PREISE

DZ ab 248 Euro
Suite ab 428 Euro

EC- und Kreditkartenzahlung möglich

BESONDERHEITEN

Mehrfach ausgezeichnetes Gourmetrestaurant; exklusiver Spa-Bereich mit Innen- und Außenpool (Meerwasser, ganzjährig beheizt); Fitnessbereich und Kursangebot

FAMILIENPUNKTE

Familienzimmer; Kinder- und Jugendklub; viele Ausflugsmöglichkeiten für Familien: Piratenfahrten, Erlebniszentrum „Naturgewalten“, Sylt Aquarium oder Tierpark Tinnum

ROMANTIK HOTEL REICHSHOF

OSTFRIESLAND MIT FLAIR

Ein alter Kornspeicher ist das Schmuckstück des Hotel-Areals mit insgesamt sieben Gebäuden.

Ein Wegweiser erleichtert ankommenden Gästen die Orientierung. Die Schilder hängen an der alten Laterne im Innenhof des Hotelgeländes, das sich über sieben Gebäude erstreckt. Dennoch fühlt sich hier niemand verloren – der heimelige Charakter des ostfriesischen Hotels ist trotz stetiger Vergrößerung erhalten geblieben. Seine Geschichte begann vor mehr als 350 Jahren. Erst war das Areal Brauerei, später Ölmühle, Ausspannwirtschaft, Gasthof und Hotel. Zeitweilig diente es auch als Tanzlokal und Kino. So vielseitig wie die Funktionen, so zahlreich waren die Namen: Von „Bremer Schlüssel“ über „Schwarzes Pferd“ bis hin zu „Hotel Frisia“ reichte die Palette. Seinen heutigen Namen verdankt der „Reichshof“ Karl Zicke, dem Eigentümer ab 1920. Im Jahre 1953 erwarben Willi und Martha Franke das Haus, das sie 1975 an Hans-Jürgen und Dorothea Franke übergaben. Der Name des Hotels blieb dabei derselbe. Die Frankes stammten ursprünglich aus Berlin, der Zweite Weltkrieg verschlug sie nach Norden. „Wir sind sogenannte Rucksack-

ostfriesen“, sagt Hans-Jürgen Franke, der mit Dorothea eine waschechte Ostfriesin an seiner Seite hat. Auch die Tochter tritt in die Fußstapfen der Eltern: Gemeinsam mit ihrem Mann Björn Haver wird sie in naher Zukunft mit viel Energie das Familienunternehmen weiterführen. Man sieht, dass viel Arbeit in dem gemeinsam Geschaffenen steckt. Vor allem der alte Kornspeicher mit seinen Holzbalken zieht die Blicke auf sich. Da das Gebäude aus dem Jahre 1670 denkmalgeschützt ist, wurden zahlreiche Auflagen gemacht. Mit viel Mühe ist es gelungen, den Charakter des Speichers in allen Zimmern und Fluren zu erhalten. Dies gilt ebenso für die Rezeption, den geschmackvollen Frühstücksraum und den zeitgemäßen Barbereich. Die Zimmer sind im modernen Landhausstil möbliert und durch die niedrigen Decken mit dicken Balken und die kleinen Fenster sehr gemütlich. Abends wird das alte

Ziegelsteinhaus effektvoll beleuchtet. Nahezu alle Gebäude sind miteinander verbunden; die Räumlichkeiten verströmen weniger friesisch-herbes als vielmehr südliches Flair. Ungewöhnlich ist der Wellnessbereich, der sich über drei Stockwerke erstreckt: Während sich im Erdgeschoss das Schwimmbecken und der Dünensand befinden, liegt der Saunabereich in den beiden oberen Stockwerken, die durch eine Holztreppe miteinander verbunden sind. Bio-, Dampf-, Rotlicht- und finnische Sauna sind mit Lehm verputzt. Im Ruhebereich erwärmt an kalten Tagen ein Kamin zusätzlich den Raum. Der mit einem Glasdach versehene Ruheraum liegt einen Stock höher – mit Blick auf die vorbeifliegenden Wolken und den ostfriesischen Himmel. Für Kinder gibt es eigens eine Wellnessausstattung mit kleiner Badetasche, Bademantel und -schuhen sowie Kinderpflegeprodukten. Die Speisekarte im Restaurant bietet eine große Auswahl, „von einfachen Sachen über feine Gerichte bis hin zur Gourmetküche", wie Hans-Jürgen Franke beschreibt. Selbst an Vollwert-Kindergerichte ist gedacht – hier findet jeder etwas für seinen Geschmack.

Michael Pasdzior

ADRESSE

Romantik Hotel Reichshof
Neuer Weg 53
26506 Norden
Tel. 04931/17 50
Fax 04931/175 75
info@reichshof-norden.de
www.reichshof-norden.de

PREISE

EZ ab 73 Euro
DZ ab 58 Euro pro Person
Familienzimmer ab 63 Euro pro Person
Suite ab 85 Euro pro Person
Wellness-Loft ab 120 Euro pro Person

EC- und Kreditkartenzahlung möglich

BESONDERHEITEN

Themenwochen für alle, die einmal etwas anderes ausprobieren möchten (Golf-, Zweirad-, Kulinarische-, Kunst-Woche); Erkundung Ostfrieslands per Fahrrad, Ruderboot oder Tandem

FAMILIENPUNKTE

Familienzimmer mit Elternschlafzimmer und 1 bis 2 Einzelzimmern; Kinderspeisekarte mit gesunden, kindgerechten Vollwert-Gerichten sowie Rätseln und Malvorlagen

LANDHAUS STEINFELD GREETSIEL

FRIESLANDS SCHÖNSTE SEITEN ENTDECKEN

Der stattliche Gutshof bietet idyllische Ruhe und friesisch feines Ambiente.

Eine Insel der Seligen sei das „Landhaus Steinfeld“, bekannte unlängst ein prominenter Gast. Er kommt seit Jahren nach Greetsiel, um so richtig auszuspannen und „nichts außer Himmel, Wasser und grünen Wiesen zu sehen“. Der langgestreckte, vor 160 Jahren gegründete Gutshof mit der Klinkerfassade und dem leuchtend roten Schieferdach liegt inmitten einer parkähnlichen Landschaft, gerahmt von altem Baumbestand, an der Stirnseite begrenzt von einem Kanal. Am Bootsanleger dümpelt ein kleiner Kahn, der zu einer gemütlichen Partie auf dem Wasser einlädt. Fenster und Türen sind frisch gestrichen, der Rasen so gepflegt, als wäre er mit der Nagelschere geschnitten. Dies war nicht immer so. Als Peter Werner, ein Betriebswirt aus Frankfurt am Main, das Anwesen übernahm, war es in einem desolaten Zustand. Gemeinsam mit seiner Partnerin Christa Ludscheidt verwandelte er es in eines der schönsten Hotels Ostfrieslands. Die ehemalige Dortmunder Unternehmerin brachte ihr Know-how und ihre Kontakte mit ein. 1990 war

es endlich so weit, das Landhaus Steinfeld öffnete seine Pforten. Zu den ersten Bewunderern des neuen Hotels zählte Verleger und Kunstmäzen Henri Nannen, der sich als Erster im Gästebuch verewigte. Die Verbindung zu „Old Henri“ reicht über seinen Tod hinaus. Schöne Drucke von Originalen aus der Emder Kunsthalle schmücken seitdem die Wände.

Die Zimmer mit den hohen Sprossenfenstern sind rustikal eingerichtet, wie es sich für ein Landhaus gehört. Hier dominiert helles Holz mit dezenten Schnitzelementen. Besonders schön: die großzügig geschnittenen Badezimmer mit ihrer angenehmen Beleuchtung. Ein Schmuckstück ist das „Gutsherrenzimmer“, eine riesige Suite, die mit bemalten Bauernmöbeln ausgestattet ist. Selbstverständlich ist auch für Wellness gesorgt. Das ganz in Blau-Weiß gehaltene Hallenbad liegt unter einem blitzenden

Sternenhimmel und lässt bei den Urlaubern selbst bei Stürmen keine schlechte Laune aufkommen. Das Restaurant ist die gute Stube des Hauses. Friesischer geht's nicht. Blau gestrichene Wände, die Bezüge der Stühle blau gemustert. Blütenweiße Spitzengardinen hinter geblümten Vorhängen und Kugellampen auf schlanken Pfosten. In dieses Ambiente passt die gehobene gutbürgerliche Küche; die Spezialität ist Greetsieler Krabbensuppe, nach der man sich noch später an der urigen, gut sortierten Bar nebenan die Lippen leckt.

In seinem etwa zwanzigjährigen Bestehen hat das Landhaus Steinfeld manche Berühmtheit gesehen. Viele sind inzwischen Wiederholungstäter. Ein weltbekannter Dirigent schaut immer gern vorbei und verlangt stets dasselbe Zimmer im Erdgeschoss, von dem aus er einen direkten Zugang zum japanischen Garten des Parks hat. Umgeben von verstreuten Felsen, Steinlaternen und exotischen Sträuchern schimmert ein Teich mit kostbaren Koikarpfen. Otto, das Urbild aller Ostfriesen, war natürlich auch schon hier. Er hinterließ eine launige Zeichnung mit lachendem Ottifanten und schrieb kurz und bündig: „Einmal Landhaus Steinfeld immer Landhaus Steinfeld."

Uta Buhr

ADRESSE

Landhaus Steinfeld Greetsiel
Kleinbahnstraße 16
26736 Greetsiel
Tel. 04926/918 10
Fax 04926/91 81 46
hotel@landhaus-steinfeld.de
www.landhaus-steinfeld.de

PREISE

EZ 105 bis 115 Euro
DZ 134 bis 224 Euro
Familienzimmer 194 bis 264 Euro

EC- Kartenzahlung möglich

BESONDERHEITEN

Wellness rund um die Uhr: Schwimmbad und Solarium sind 24 Stunden am Tag, die Sauna von 10–22 Uhr geöffnet; Kosmetik- und Massagebehandlungen auf Anfrage

FAMILIENPUNKTE

Schöne Ausflugsziele für Kinder: Wander- und Fahrradtouren; baden und paddeln am nahe gelegenen Großen Meer; Seehund-Aufzuchtstation in Norddeich; Ausflug mit der MS „Gretchen" auf den Spuren alter Segelschiffe

Upstalsboom
★★★★
Hotel Deichgraf

UPSTALSBOOM HOTEL DEICHGRAF
IM NORDSEEBAD WREMEN

UMGEBEN VON NATUR

Das „Upstalsboom Deichgraf" ist etwas ganz Besonderes – es thront auf der Deichkrone.

Wenn man von einem guten Hotel erwartet, dass die Lage außergewöhnlich, die Umgebung ruhig, das Frühstückbüfett reichhaltig und das Personal kompetent ist, dann ist das „Upstalsboom Hotel Deichgraf" in Wremen ein gutes Hotel. Es ist jedoch weit mehr als das. Allein die Lage – sie ist fast schon unverschämt gut. „Der ‚Deichgraf' thront auf dem Deich wie kein anderes Hotel an der deutschen Küste", sagt Hoteldirektor Daniel Beer. Und tatsächlich: Die Zimmer verfügen über Nordseeblick, das Bett steht gewissermaßen am Rande des Nationalparks Wattenmeer. Nur ein Grünstrand trennt die Sitzgarnitur vom Weltnaturerbe.

Die Zimmer sind sehr groß, und doch zieht es den Gast unwillkürlich auf den Balkon. Da sitzt man und sieht zu, wie die großen Pötte durch die Wesermündung ziehen und der Priel, der zum Kutterhafen von Wremen führt, sich langsam mit Wasser füllt. Bis die Bademäntel, die auf dem Bett bereit liegen, daran erinnern, dass auch ein Besuch des Wellnessbereichs lohnenswert ist. Die finnische Sauna hat

die richtige Betriebstemperatur und noch dazu eine ungewohnte Akustik: Vögel zwitschern, ein Bach plätschert. Ebenfalls sehr angenehm: die Wärmeliegen, auf denen man bei wohligen 44 Grad dem Abend entgegendämmern kann. Den verbringt man dann im Hotelrestaurant („junge Nordseeküche mit einer Prise aus aller Welt"), in einem der Fischrestaurants in Wremen, über die Beer lobende Worte verliert, oder im nahen Bremerhaven, für das man ohnehin einen Tag einplanen sollte, wenn man noch nicht im Deutschen Auswandererhaus oder im Klimahaus war. Auch Wremen selbst ist ein idyllischer kleiner Ort und ideal, um das Wattenmeer zu erkunden – besonders für Kinder, die am liebsten mit dem Kescher im Priel fischen und untersuchen, welche Tiere sich dort versteckt halten, wenn das Meer sich bei Ebbe zurückzieht.

Das Frühstückbüfett mit zwölf Marmeladen, ebenso vielen Käsesorten und 38 verschiedenen Tees lässt kaum einen Wunsch offen und ist Standard in Häusern, die zur Upstalsboom-Gruppe gehören, versichert Beer. Dazu kommen immer ein paar Besonderheiten. Im Deichgraf zum Beispiel die hausgemachte Mettwurst von „freilaufenden

Schweinen“ aus einem Nachbardorf. Oder die Ziegenkäse-Spezialitäten von Catherine André, einer Französin, die auch die Gourmettempel in Hamburg beliefert. Beer weiß um die Erwartungen der Gäste an ein Superior-Haus. Er weiß aber auch, wie wichtig es ist, in der Region verankert zu sein. Die Brötchen bestellt er beim Bäcker im Dorf.

An jedem Sonnabend schreibt Beer einen Brief an alle Gäste der Woche. So erfährt er, wenn wirklich mal jemand unzufrieden ist. Nur eines kann auch er nicht ändern: dass sein Haus mitunter den ganzen Tag von der Sonne beschienen wird und die Wärme sich staut, vor allem im Sommer. Aber dann sitzt man vermutlich sowieso lieber auf der hoteleigenen Terrasse oder dem Balkon und beobachtet, wie die Sonne in der Nordsee versinkt. Danach leuchtet links, in weiter Ferne, das Container-Terminal Bremerhaven. Und rechts, ganz nah, der „Kleine Preuße“, Wremens Leuchtturm und Wahrzeichen. Der Rest ist Ruhe.

Wolfgang Stelljes

ADRESSE

Upstalsboom Hotel Deichgraf
im Nordseebad Wremen
Strandstraße 54
27638 Wremen
Tel. 04705/660 40
Fax 04705/660 41 00
deichgraf@upstalsboom.de
www.upstalsboom.de/deichgraf

PREISE

EZ 85 bis 125 Euro
DZ 138 bis 260 Euro
Suite 220 bis 260 Euro

EC- und Kreditkartenzahlung möglich

BESONDERHEITEN

Deutschlands einziges Hotel auf einem Deich; Genießerrestaurant mit Blick auf die Wesermündung und das Wattenmeer, eigene Wattführer, kostenfreie Parkplätze, kostenfreier Bahnhofstransfer auf Anfrage

Direkt am Weltkulturerbe Niedersächsisches Wattenmeer gelegen

FAMILIENPUNKTE

Fahrradverleih; Kinder- und Malbücher in der Lounge, DVD-Kinderfilmverleih; Kinderbetreuung auf Anfrage; viele Ausflugsziele, z. B. das benachbarte Bremerhaven

BINNEN

LAND

Es muss ja nicht immer das Meer sein, wenn man mit der Familie ein paar schöne Tage verbringen will. Im Norden gibt es nämlich auch abseits der Küsten viel zu sehen. Bezaubernde kleine Städte, schöne Schlösser und wunderbare Landschaften warten nur darauf, entdeckt zu werden. Eine Kutschfahrt in der Lüneburger Heide, eine Wanderung im Wendland, eine Zugfahrt unter Dampf im Harz: All das bringt eine willkommene Abwechslung in die Alltagsroutine und tut der ganzen Familie gut. Wenn dazu auch noch die Unterkunft einladend und vielleicht sogar ein Freizeitpark nicht weit ist, steht dem Kurzurlaub mit der Familie nichts mehr im Wege.

HOTELÜBERSICHT BINNENLAND

HOFWirtschaft

FLEESENSEE HOF

WELLNESS FÜR DIE GANZE FAMILIE

Sportmöglichkeiten, Badehaus am See, viel Natur: Im „Fleesensee Hof" wird Erholung leicht gemacht.

Genau 16 „WellNester" sind es, die sich in der schmucken Landhausvillen direkt am Ufer des Fleesensees im Dörfchen Untergöhren verstecken. Bekannt geworden ist die Region im Herzen der Mecklenburgischen Seenplatte durch das „Land Fleesensee": Seit einigen Jahren schreibt Deutschlands größtes Tourismusprojekt, zu dem mehrere große Hotelanlagen gehören, dort eine erstaunliche Erfolgsgeschichte. Wer es dagegen ruhiger mag und den persönlichen Charme eines kleinen Landhotels schätzt, wird sich eher im „Fleesensee Hof" wohlfühlen. Mit viel Liebe zum Detail haben Susanne und Rainer Frase hier die „WellNester" eingerichtet, die den Komfort eines Hotels und das Wohlgefühl einer Wohnung auf Zeit vereinen.

Kaminfeuer-Genießer kommen hier ebenso auf ihre Kosten wie Sonnenaufgang-über-dem-See-Gucker und Kuscheln-unterm-Sternenzelt-Fans, das versprechen Frases. Bei der Umsetzung ihrer Ziele helfen ihnen ihre beiden Kinder; mit von der Partie sind auch zwei anhängliche

Hunde der Hausherren. Angefangen hat alles mit einem Interims-Management für die Therme im Land Flesensee. Aus der zeitlich befristeten Aufgabe wurde schnell eine unbefristete. „Wir haben uns ein Haus gebaut und sind nach Untergöhren gezogen“, erzählt Susanne Frase. „Mein Mann, der gern im Hintergrund die Fäden zieht, kam dann auf die Idee, auf dem Grundstück gegenüber eine kleine Ferienanlage zu errichten. Ich musste die Geschichte ausbaden und die ‚WellNester‘ einrichten“, sagt sie mit einem Lächeln.

Das Resultat kann sich sehen lassen: Helle Farben verleihen den 50 bis 67 Quadratmeter großen „WellNest“-Typen Behaglichkeit; sie tragen Namen wie Mohn, Raps, Schilf oder Storch und verfügen über großzügige Terrassen oder Balkone. Separate Schlafzimmer und eine moderne, offene Einbauküche mit angrenzendem Wohn- und Essbereich, teilweise mit Kamin, bieten den Komfort einer gehoben ausgestatteten Wohnung, die auch für Familien groß genug ist. Gäste können sich hier Kaffee kochen oder einen Imbiss zubereiten. Gut bedient ist, wer sich für das Essen im Restaurant entscheidet. In gediegener Atmosphäre – im Sommer auch auf der Terrasse mit Blick auf den Fleesensee – wird

ein kulinarisches Verwöhnprogramm zelebriert. Mittags und abends können die Gäste aus österreichisch-italienischen Köstlichkeiten auswählen. Nach oben offen – bis zum Dach: Das eigene Badehaus am See ist ein architektonisches Kleinod und ein himmlischer Rückzugsort. In bewährter Tradition des Fleesensee-Hof-Teams erbaut, fehlt es hier an nichts, was zum Rundum-Wohlgefühl beiträgt: eine große Bibliothek zum Schmökern, Yogaraum, Fitnessraum, Massageraum. Mit Liebe zum Detail ausgestattet, entspannen Sie hier ganz privat im VIP-Ambiente.

In Ihrem Badehaus direkt am herrlichen Fleesensee werden alle Elemente des Daseins gefeiert: Wasser gibt es im wunderschönen Wellnessbereich mit ganzjährig geheiztem Außenpool und Außenduschen. Feuer lodert im offenen Kamin und glüht im Anschluss beim Candle-Light-Dinner in der stilvollen Hofwirtschaft. Dem Element Erde ist ein wunderschöner Austritt in den blühenden Garten gewidmet. Und für Luft in Kuscheltemperaturen ist im Saunabereich gesorgt. Drinnen oder draußen.

Detlef Berg

ADRESSE

Fleesensee Hof
Zum Fleesensee 1
17213 Untergöhren
Tel. 039932/807 00
Fax 039932/80 70 25
info@fleesensee-resort.de
www.fleesensee-resort.de

PREISE

Suite 130 bis 300 Euro

EC-Kartenzahlung möglich

BESONDERHEITEN

Gourmetrestaurant; Badehaus am See mit Sauna; ganzjährig beheizter Pool; Verwöhnpakete für Groß und Klein; Yoga- und Fitnessraum; große Bibliothek

Ausgezeichnet mit dem Dog-Award 2010, spezielle Hundepackages

FAMILIENPUNKTE

Babybett; spezielle Angebote für Familienferien; drei Nationalparks und viele Seen bieten zahllose Freizeit- und Sportmöglichkeiten, nahe gelegene Reitanlage, Bootsverleih, Bowlingbahn und Golfplätze

FAMILIENGARTEN
OTEL

FAMILOTEL BORCHARD'S ROOKHUS AM SEE

GESUCHT UND GEFUNDEN

In dem romantisch gelegenen Hotel mitten im Wald ist alles auf Familien ausgerichtet.

Wer es nicht sucht, der findet es auch nicht: Dieses Haus liegt versteckt im Wald am See, weitab von der nächsten Bebauung. Ringsum herrscht vollkommene Stille, dunkel und geheimnisvoll wirkt das Wasser im winterlichen Abend, nur ein paar Schritte den Hang hinab sind es bis zum sandigen Ufer. Es ist ein perfekter Ort – beispielsweise für ein olympisches Kanuten-Trainingslager, was es in den frühen 30er-Jahren war. Oder für eine Jugendherberge, seiner Nutzung in den 50er-Jahren. Vor allem aber für ein wunderbares, romantisches Hotel, was es seit 1995 ist.

Hierfür hatte die Familie Borchard eine geeignete Immobilie gesucht und 1993 in den Gebäuden der alten, heruntergekommenen ehemaligen Herberge am See entdeckt. Sie liegt im Herzen der Mecklenburger Seenplatte, am großen Labussee, in der Nähe der Ortschaft Wesenberg. Der Umbau zum charmanten Familienhotel dauerte zwei Jahre, die Gebäude wurden dabei vollkommen entkernt und renoviert. Mittlerweile gibt es insgesamt 45 Zimmer und

Suiten, die Einrichtung ist traditionell, opulent und erinnert an einen etwas blumigen britischen Landhausstil.

Trotz seiner luxuriösen Gediegenheit ist das Hotel vor allem auf Familien mit Kindern eingestellt. Es gibt Familienzimmer mit Etagenbetten für den Nachwuchs im Nebenraum, zahlreiche Spielzimmer und das Restaurant „Storchennest", in dem Krabbeln und Kleckern nicht nur „nur erlaubt" ist. Wer mit den älteren Kindern lieber etwas förmlicher diniert, wird sich im Restaurant „Fürst Nikolaus", benannt nach dem Gründer des Ortes Wesenberg, wohlfühlen. Aus beiden Restaurants gelangt man in die Rookhus Country Kitchen, das Herzstück der Gastronomie. Ob Frühstück, Obst, Kinderbüfett, Kuchen, Torten oder Abendbüfett – hier dreht sich alles um kulinarische Genüsse. Und das Ganze live vom Küchenteam präsentiert.

Die Konzeptumstellung vom ursprünglichen Romantik Hotel mit Gourmetrestaurant zum Familotel mit Kinderbetreuung, Streichelzoo und Ponyhof lag vielleicht auch daran, dass die Gastgeber, Andrea und Alexander Borchard, selbst zwei Söhne haben. Heute ist hier alles auf Familien ausgerichtet. Neben einem Indianerclaim mit Riesentipi und

Feuerplatz, Ritterburg-Spielplatz, Kutterfahrten und Spielzimmern gibt es auch ein großes Angebot für die älteren Kinder und die Eltern, wie Kanu-, Fahrrad-, Bootsverleih, Wanderungen und ein nur zehn Kilometer entfernter Reiterhof mit Reithalle und traumhaften Ausreitmöglichkeiten durch den Nationalpark.

Die wunderbare Lage des Hauses am Waldsee lädt zum Urlauben geradezu ein. So bleiben viele Gäste im Sommer auch gern mal zwei Wochen lang hier. Die Kleinen können sich am und im See austoben, 48 Stunden pro Woche werden sie professionell und liebevoll betreut. Sogar Babys werden auf Wunsch den gestressten Müttern täglich für drei Stunden abgenommen. Wer nicht im See baden möchte, kann die gut zwei Kilometer entfernte „Amy's Wohlfühlvilla" aufsuchen, eine Beauty-und-Relax-Villa mit acht Zimmern, Schwimmbad, Sauna, Dampfbad und einem umfangreichen Wellnessangebot.

Detlef Jens

ADRESSE

Familotel Borchard's
Rookhus am See
Am Großen Labussee 12
17255 Wesenberg
Tel. 039832/500
Fax 039832/501 00
info@rookhus.de
www.rookhus.de

PREISE

EZ ab 75 Euro
DZ ab 130 Euro
Familienzimmer ab 150 Euro
Suite ab 180 Euro

EC-Kartenzahlung möglich

BESONDERHEITEN

Badestrand mit Liegewiese und Pavillon; Schwimmbad und Sauna; Bootsverleih (Kanus, Tret-, Ruder- und Motorboote, Piratenkutter); hoteleigener Reiterhof mit Gastboxen

FAMILIENPUNKTE

Kinder- und Babybetreuung (6 Tage/Woche); 200 qm Indoor-Spielräume; Kleinkindspielplatz mit Sandkasten; Abenteuerspielplatz; Indianerclaim mit Ponyranch; Kutschfahrten

JAGDSCHLOSS BELLIN

FAMILIENFERIEN MIT GLANZ UND GLORIA

Das malerische Hotel ist für Schlossherren und -damen jeden Alters eine echte Entdeckung.

An das Leben als Schlossherr könnte man sich glatt gewöhnen. Zum Kaffee sitzt man oberhalb der großen Freitreppe, die zum Park mit den zwei Teichen hinabführt. Die Sonne lässt das Wasser zwischen den Seerosen glitzern, der Wind rauscht in den mächtigen alten Bäumen. Es herrscht himmlische Ruhe.

Einige Kinder spielen im Park, angeln vom romantischen Pavillon aus oder erkunden den Wald. „Gerade für Kinder ist dieses Haus hier wunderbar“, sagt Angelika Sloman, die Urenkelin des Unternehmers, der das Jagdschloss Bellin erbaute. „Es gibt den großen Park, aber auch drinnen können Kinder ungehindert umhertoben und werden nicht von der typischen Hotel-Atmosphäre eingeschüchtert.“ Denn dieses Haus ist eigentlich gar kein Hotel. Erbaut wurde es in den Jahren 1912 bis 1914 von Henry-Brarens Sloman, der in Chile erfolgreich Salpeter gefördert hatte. Als betagter Herr kehrte er nach Deutschland zurück und baute erst Bellin, dann das Chilehaus in Hamburgs City. In dem schlossartigen

Herrenhaus im Herzen der Mecklenburg-Vorpommerschen Seenlandschaft wohnte die Familie jedoch nicht lange. Der Krieg kam, und danach ging das Jagdschloss, wie vieles andere, für die Familie verloren. In der DDR diente es zunächst als Militärakademie und später als Kinderheim.

Nach der Wende übernahm der Vater von Angelika Sloman den benachbarten Milchviehbetrieb mit 800 Kühen von der Treuhand und wurde damit quasi zum Verwalter von Schloss Bellin. 1997 konnte die Familie dann das Gebäude von der Treuhand kaufen. In dreieinhalb Monaten brachten hundert

Handwerker die einstige Pracht wieder zum Vorschein; es entstanden neun komfortable, stilvolle Apartments. „Im Januar 2000 konnten wir eröffnen", sagt Angelika Sloman. insgesamt bietet das Jagdschloss Bellin heute 43 Betten, die sich auf die Apartments (mit jeweils vier bis sechs Betten) und drei Doppelzimmer verteilen. Die Gäste verpflegen sich in den mit Komplettküchen ausgestatteten Apartments meist selbst; wer möchte, bekommt auch Frühstück und ein Abendessen. „Ich biete drei oder vier Gerichte an", sagt die Hausherrin. „Allerdings nur auf Vorbestellung. Dann kaufe ich das Nötige frisch ein und koche auch schon mal selber." Wenige Kilometer entfernt liegt ein Haus am See, dessen Restaurantküche mit einem Michelinstern ausgezeichnet wurde, und weitere Restaurants findet man in Güstrow oder in Krakow am See. Und was macht man hier sonst so als Familie, außer essen und genießen? Die Möglichkeiten sind vielfältig und variieren von einfach entspannen, lesen, radeln (Fahrräder stellt das Haus), baden im nahen See bis hin zu segeln und reiten. Auch die Sauna kann man nutzen. Oder man gibt sich einfach mal dem Leben als Schlossherr auf Zeit hin und genießt die zehn Hektar große Parkanlage – Müßiggang inklusive. Kein Wunder, dass so viele, die hier einmal Gäste waren, immer wiederkommen.

Detlef Jens

ADRESSE

Jagdschloss Bellin
Am Schloss 3
18292 Bellin
Tel. 038458/32 20
Fax 038458/322 20
info@jagdschloss-bellin.de
www.jagdschloss-bellin.de

PREISE

EZ ab 89 Euro
DZ ab 109 Euro
Suite (4–6 Personen)
139 bis 199 Euro

EC-Kartenzahlung möglich

BESONDERHEITEN

Inmitten der mecklenburgischen Seenplatte in der Nähe von Güstrow in einem 10 ha großen Park gelegen; das Jagdschloss besticht durch stilvolles Ambiente und ungezwungene Atmosphäre; Sauna

Buchbar auch für Tagungen oder Hochzeiten (bis 150 Personen); Übernachtungsmöglichkeiten für bis zu 50 Personen

FAMILIENPUNKTE

160 qm große Sechsbett-Suiten, vollständig ausgestattet mit Küche sowie teilweise mit Kamin und Balkon; hauseigene Fahrräder kostenlos nutzbar

HOTEL SPEICHER AM ZIEGELSEE

EIN HAUS MIT VIELEN EIGENSCHAFTEN

Früher Getreidelager, heute exklusives Urlaubsdomizil: das erste klimaneutrale Hotel Mecklenburg-Vorpommerns.

Zu übersehen ist es wahrlich nicht, das große Hotel im ehemaligen Speicher am Ziegelsee in Schwerin. Das 1939 als Reichstypensilo errichtete Gebäude misst fünf Stockwerke und hat noch zwei Geschosse im Dachstuhl.

Obwohl ursprünglich nur Zweckbau, steht der historische Speicher, der eine Epoche der Hafenwirtschaft repräsentiert, heute unter Denkmalschutz. Das nur 15 Gehminuten von der Altstadt entfernt liegende Gebäude hat sich mittlerweile nach aufwendigem Umbau in ein exklusives Hotel verwandelt, das im März 2010 aufgrund seines besonderen Klimaschutz-Engagements als „erstes klimaneutrales Hotel Mecklenburg Vorpommerns“ zertifiziert wurde. Um aktiv Verantwortung für die Umwelt zu übernehmen, achtet das Hotel seit Langem auf ökologische Elemente. So möchte man für die Gäste eine Atmosphäre schaffen, die auf natürliche Weise das Wohlgefühl steigert. Ein Konzept, das aufgeht: Schon der gepflegte Vorplatz wirkt einladend, ebenso

das Foyer des Hotels. Der schwungvolle Empfangstresen aus hellem Holz passt gut zu den beiden Sofas vor dem Kamin, die Lobby ist mit Blumen und Accessoires stilvoll dekoriert. Im Anschluss daran folgt der großzügige Barbereich, den man durch eine große Glasfront betritt. An dem hufeisenförmigen Tresen, der in dunklem Holz gehalten ist, lässt es sich genauso behaglich bei einem Drink sitzen wie in den dunkelrot bezogenen Stühlen. Bei schönem Wetter lockt einige Stufen höher die holzgetäfelte, große Terrasse. Hier kann man am Abend die Sonnenuntergänge genießen und Anglern dabei zusehen, wie sie ihren Fang an Land ziehen. Am Anleger steht in der Saison ein Motorboot bereit; Gäste können es auf Wunsch mieten. Bei Dunkelheit ist das Hotel effektvoll beleuchtet. Das schafft Atmosphäre, auch beim Restaurantbesuch. Der Raum ist modern eingerichtet und von Säulen unterteilt, die Wände sind in Sienarot gestrichen, Korbstühle verleihen eine mediterrane Stimmung, der Holzfußboden und Kerzen an den Wänden betonen das warme Ambiente.

In der biozertifizierten Küche wird hauptsächlich mit saisonalen, regionalen und biologischen Lebensmitteln

gearbeitet, bevorzugt verwendet werden Produkte aus nachhaltiger Landwirtschaft, artgerechter Tierhaltung sowie aus fairem Handel. Auch ein großes Angebot an Bioweinen findet sich auf der Karte. Das Ergebnis ist eine ebenso gesunde wie feine mecklenburgische Küche, bei der auch individuelle Gästewünsche und Kindergerichte Berücksichtigung finden. Obwohl das Hotel über 79 Zimmer verfügt, hat es einen intimen Charakter. Die Zimmer und Suiten wirken hell und freundlich, sie sind mit natürlichen Materialien und allergikerfreundlich eingerichtet. Ideal für Familien sind die Zimmer mit Verbindungstüren. Auch Kinderbetten sind verfügbar, auf Anmeldung zudem Hochstühle, Windeleimer und Wickelauflagen. Der Wellnessbereich im unteren Stockwerk besteht aus einer finnischen Trockensauna, einem Sanarium, Erlebnisduschen und einem behaglichen Ruheraum. Massagen sind ebenfalls möglich. Zudem gibt es einen großen Fitnesskeller mit Tageslicht, der mit modernen Geräten ausgestattet ist.

Michael Pasdzior

ADRESSE

Hotel Speicher am Ziegelsee
Speicherstr. 11
19055 Schwerin
Tel. 0385/500 30
Fax 0385/500 31 11
info@speicher-hotel.com
www.speicher-hotel.com

PREISE

EZ ab 76 Euro
DZ ab 97 Euro
Familienzimmer ab 97 Euro
Suite ab 132 Euro

Zwei Kinder bis 12 Jahre übernachten kostenfrei im Zimmer ihrer Eltern

EC- und Kreditkartenzahlung möglich

BESONDERHEITEN

Erstes klimaneutrales Hotel in Mecklenburg-Vorpommern mit Biogerichten und -weinen, großzügigem Saunabereich, Seeterrasse, Strandkörben sowie eigenem Bootsanleger mit Badeleiter

Geführte Themenwander- und Fahrradtouren; Fahrrad- und Bootsverleih

FAMILIENPUNKTE

Mit vielen Seen, Parks, Gärten und Waldgebieten bietet Schwerin eine sehr kinderfreundliche Umgebung – ideal zum Baden, Radfahren, Wandern, Bootfahren, Angeln, Reiten und Golfen

CASTANEA RESORT HOTEL

TOSKANA-AMBIENTE IM HOHEN NORDEN

Inmitten eines sanft hügeligen Golfplatzes liegt das von modernem Landhausstil geprägte Hotel.

Nomen est omen: Eine breite, von Kastanien gesäumte Auffahrt führt hinauf zum „Castanea Resort Hotel" in der Lüneburger Heide. Das in strahlendem Gelb gehaltene Gebäude mit dem roten Dach und dem kecken Haubenturm liegt inmitten eines sanft hügeligen Golfplatzes, in dem kleine Teiche angelegt sind. „Dieses Anwesen erinnert uns an den letzten Urlaub in der Toskana", sagt ein Ehepaar aus Süddeutschland, das hier ein entspanntes Golf-Wochenende verbringt. Der Direktor freut sich immer wieder über den Toskana-Vergleich, erklärt aber, dass diese Ähnlichkeit

völlig unbeabsichtigt ist: „Es war die Absicht vom Bauherrn und Inhaber Rainer Adank, hier ein Hotel im modernen Landhausstil zu bauen. Die Teile aus rotem Backstein an der Seite sind eine Hommage an seine norddeutsche Heimat.“ Das Entree des Hauses hält eine weitere Überraschung bereit. Eine breite, elegante Wendeltreppe windet sich um eine monumentale dunkelrote Säule.

„Sieht aus wie der Schornstein auf einem Luxusdampfer“, entfährt es meinem Begleiter. Der Vergleich mit einem Schiff ist durchaus passend. Neben der weitläufigen Halle mit ihren Sitzecken befindet sich die Bar. Während das „Boulevard-Restaurant“ in warmen Beigetönen gehalten ist, dominieren im angrenzenden „Kaminzimmer“ kräftige dunkle Farben. „Bei uns ist alles auf die Kastanie, lateinisch: Castanea, abgestellt“, erläutert der Direktor. „Die Farben variieren von ganz hellen Tönen bis zum satten Rotbraun der reifen Frucht.“ Die Gästezimmer sind schlicht und hell eingerichtet. Ein besonderer Service des Hauses: Wer nicht schlafen kann, bekommt vom freundlichen Personal gratis ein Glas heiße Milch mit Honig am Bett kredenzt. Übrigens: Kaffee, Tee und Wasser werden auf dem Zimmer nicht extra berechnet!

Dies ist ein Hotel, in dem wirklich an alles gedacht wurde, was dem Gast den Aufenthalt angenehm gestaltet. Neben den 99 Superior-Zimmern gibt es zwölf De-luxe-Räume und fünf Junior-Suiten. Wer sich etwas ganz Besonderes gönnen will, bucht die Spa-Suite mit privatem Anwendungsbereich, Massageliege, eigener Sauna, Whirlpool und Balkon. Von erlesener Eleganz ist die Fürstensuite, eine mit antiken Möbeln ausgestattete Maisonette. Der Spa stellt einen weiteren Höhepunkt des Hauses dar. Der Whirlpool wurde hier nicht in einen Nebentrakt verbannt, sondern liegt inmitten eines schön gestalteten Pools. Eine Ruheecke mit exotischen Wandmalereien verleitet nach dem Bad zum Träumen. Wer die Behandlungsräume betritt, wird von einer Skulptur des Malers und Bildhauers Bruno Bruni begrüßt. „Das ist ein Original", erklärt eine Mitarbeiterin des Spa, als sie mich in den „Oriental Spa" begleitet. Wer im Castanea Resort weilt, sollte auf jeden Fall einen Golf-Schnupperkurs mitmachen. Nach unserer sportlichen Betätigung auf dem Golfplatz verspüren wir Appetit. Im „Castanea Restaurant" bekommen wir einen Tisch am Fenster mit Blick auf den Golfplatz zugewiesen.

Das Restaurant bietet ein wohlklingendes Speisenangebot. Nur ein Beispiel: „Variation vom Steinpilz, Schaumsuppe vom grünen Spargel, Frischlingsrücken mit Kürbispüree und Brezelauflauf". Den krönenden Abschluss bilden gratinierte Zimtpflaumen mit Walnusseis. Der Kellner hat uns dazu einen Rotwein empfohlen: „Am besten passt hier ein Chilene." Gute Empfehlung, wie sich zeigt.

Uta Buhr

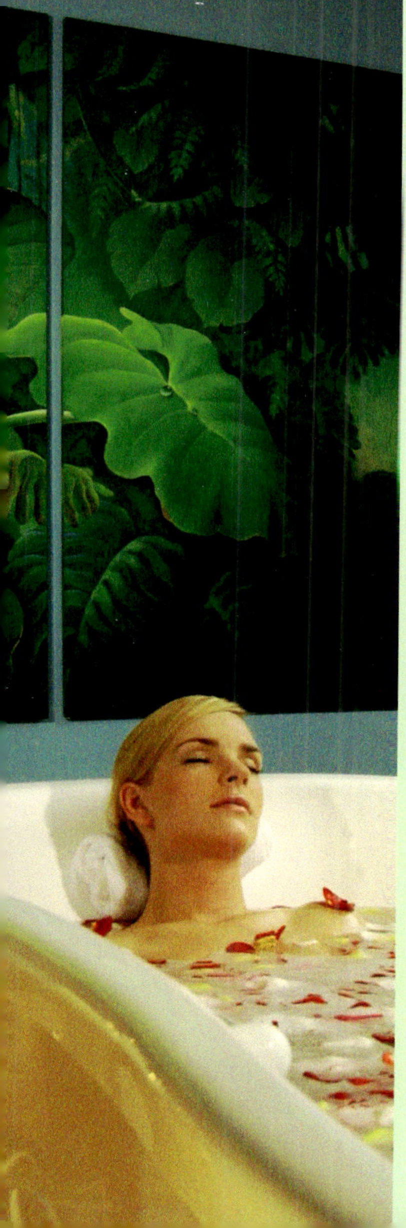

ADRESSE

Castanea Resort Hotel
Scharnebecker Weg 25
21365 Adendorf/Lüneburg
Tel. 04131/223 30
Fax 04131/22 33 22 33
info@castanea-resort.de
www.castanea-resort.de

PREISE

DZ 155 bis 215 Euro
Suite 225 bis 345 Euro
Apartments 55 bis 289 Euro

EC- und Kreditkartenzahlung möglich

BESONDERHEITEN

Die großzügige Wellnesslandschaft bietet finnische Sauna, Balnearium, Dampfbad, Innen- und Außenpool. Mögliche Anwendungen: ayurvedische Behandlungen, Shiatsu, La Stone Therapie, Lomi Lomi (hawaiianische Massage), Pantai Luar (Stempel-Massage) sowie Körperanwendungen.

FAMILIENPUNKTE

Sport- und Spielmöglichkeiten für jedes Wetter in Hotelnähe: zum Beispiel ein Indoorspielplatz mit Kartbahn, Klettervulkan und großem Trampolin; im Sommer locken Freibad und Fußballplätze; von Oktober bis März finden im Eisstadion coole Aktivitäten statt

LANDHAUS TÖPFERHOF

MEDITERRANES FLAIR NAHE DER OSTSEE

Auf dem weitläufigen Anwesen findet jeder Gast sein eigenes privates Plätzchen.

Nur drei Kilometer sind es von Warnsdorf bis zur Ostsee. Das schmucke Dorf im Hinterland von Travemünde und Timmendorfer Strand liegt zentral zu den Seebädern. Auch der nahe Hemmelsdorfer See ist ein ideales Bade- und Angelrevier. Mit seinen Bauernhöfen, -märkten und Hofcafés hat sich Warnsdorf zum beliebten Ausflugsziel entwickelt. Golfer finden im Maritim Golfpark am Ortsrand eine herrlich gelegene Anlage mit 27 Loch, ganzjährig gut bespielbar. In diesem Musterdorf hat sich Rolf Böckmann mit dem Landhaus „Töpferhof" seinen ganz persönlichen Hoteltraum verwirklicht. Dem Italien-Fan ist es gelungen, ein gastliches Haus zu schaffen, in dem sich nordischer Charme mit mediterraner Lebensfreude vereint. Der Töpferhof mit seinen stilvollen Gästezimmern und Apartments gehört zu den attraktivsten Landhotels in Ostseeküstennähe. Seinen Namen verdankt es der angeschlossenen kleinen Töpferei der kreativen Inge Burst. Sie bietet auch Kurse für Erwachsene und Kinder an.

Das Anwesen besteht aus mehreren miteinander verbundenen Gebäuden, die sich um einen Innenhof mit Bauerngarten gruppieren. Die Gäste können sich auf einem 18 000 Quadratmeter großen Gelände mit Ententeich und Liegewiese erholen, wo jeder sein privates Eckchen findet. Für Kinder bieten eine riesige Spielwiese (10 000 Quadratmeter) und ein Spielplatz viel Raum zum Toben. Von der Frühstücksterrasse vor dem Gartensalon geht der Blick über den Weiher auf einen schönen alten Bauernhof. An kühleren Tagen halten sich die Gäste im gemütlichen Kaminzimmer, im Restaurant oder in dem rustikal eingerichteten Frühstücksraum auf. Oft duftet es nach frischem Brot, das wöchentlich im alten Steinofen gebacken wird. Kulinarisch verwöhnt werden die Hausgäste von Küchenchef Michael Schön. Ein öffentliches Restaurant hat der Töpferhof zwar nicht, bietet aber dennoch Platz für

Feste. Im Landhaus gibt es acht behagliche Doppelzimmer sowie vier Suiten und 14 Familienapartments (für bis zu fünf Personen) mit je zwei separaten Schlafbereichen, viele mit direktem Zugang zum Garten und eigener Terrasse. Die meisten Zimmer sind im Landhausstil möbliert, einige verfügen auch über einen Kamin. Ein kleiner Fitnessbereich mit Sauna, Dampfbad, Solarium und Tischtennisraum steht den Gästen kostenlos zur Verfügung. Auch Massagen sind möglich.

Ganzer Stolz des Hausherrn und einzigartig im weiten Umkreis ist der Weinkeller. Dieses Gewölbe aus alten italienischen Ziegeln, einer Holzwand aus dem 16. Jahrhundert – sie stammt aus einem ungarischen Schloss – und italienischen Designersesseln hat der Weinliebhaber Rolf Böckmann nach eigenen Vorstellungen gebaut. „Sinnlichkeit und Harmonie" möchte er seinen Gästen dort bieten. Das ist ihm gelungen: 3000 Flaschen, überwiegend Weine aus Italien, Österreich und von der Nahe, lagern gut sichtbar in temperierten Sektionen. Hier zelebriert Böckmann mit seinem Sommelier auch regelmäßig Verkostungen.

Silvia M. Propp

ADRESSE

Landhaus Töpferhof
Fuchsbergstraße 5–9
23626 Ratekau
Tel. 04502/21 24
info@landhaus-toepferhof.de
www.landhaus-toepferhof.de

PREISE

EZ 85 bis 120 Euro
DZ 110 bis 140 Euro
Familienzimmer 95 bis 194 Euro
Suite 140 bis 150 Euro

EC- und Kreditkartenzahlung möglich

BESONDERHEITEN

Historischer Weinkeller, in dem auch Weinproben bei Käse-Schinken-Genuss möglich sind

FAMILIENPUNKTE

Die Ostsee ist nur 3 km entfernt; viele Sportmöglichkeiten wie Segeln, Surfen und Schwimmen, in der Nähe sind zudem Reiterhöfe, Tennisplätze, ein Kletterpark, ein Indoorspielplatz und eine Eissporthalle

PRONSTORFER TORHAUS

HERRSCHAFTSZEITEN FÜR GROSS UND KLEIN

Modernes und Historisches sind auf Gut Pronstorf harmonisch vereint.

Für den Weckruf ist Heinrich zuständig. Er meldet sich zuverlässig bei Sonnenaufgang, damit seine elf Hennen genügend Frühstückseier für die Gäste des Hotels „Pronstorfer Torhaus" auf Gut Pronstorf am Wardersee legen. Nachdem die Grafenfamilie zu Rantzau 2007 entschieden hatte, dem landwirtschaftlich genutzten Gut sein altes Gesicht wiederzugeben, wurde die Landwirtschaft in eine Feldscheune ausgelagert und das 70 Meter lange und 20 Meter breite Torhaus binnen zweijähriger Bauzeit in ein außerordentlich schönes, geschmackvolles Hotel verwandelt. Ein Ziel, für das viel Fantasie notwendig war und das enormen Aufwand erforderte: Sämtliche Silo-Einbauten mussten aus dem als Getreidespeicher und Pferdestall genutzten Gebäude entfernt werden; Zwischenböden wurden beseitigt, in das Dach unter Einhaltung der Denkmalschutzvorschriften Gauben eingesetzt. Geschosshöhen waren neu festzusetzen und Decken zu ziehen. Zum Einsatz kamen dabei aufgearbeitete alte Balken und neue aus eigenem Holz. Für die Fenster

wurde Eiche verarbeitet, für die Fußböden gebleichte Lärche.

„Wäre ich hier nicht schon zu Hause, ich würde glatt einziehen wollen", freut sich Hans-Caspar Graf zu Rantzau, der den Umbau gemeinsam mit seiner Frau Antje überwacht und stetig neue Ideen eingebracht hat. „Das war unser Vorteil", sagt er im Rückblick. „Wir konnten immer sofort entscheiden, Pläne abändern, Details verbessern, in einigen Zimmern mit immenser Deckenhöhe zum Beispiel Emporen einbauen und die Betten dorthin verlegen." Heute gleicht kein Zimmer dem anderen. Sie sind mit Blick fürs Detail gestaltet und ebenso stilvoll wie bodenständig eingerichtet – Wohlfühlzimmer, in denen man sich gern aufhält. Zuständig dafür war Antje zu Rantzau, die Wandfarben und Dekor ausgesucht hat und bis nach Spanien reiste, um die passenden Fliesen für die

Bäder zu finden. „Wir wollen mit diesem Hotel keinem Trend folgen. Modeerscheinungen gehen an uns vorbei, das hier soll überdauern", erklärt Hans-Caspar zu Rantzau. Vorausgegangen waren Recherchereisen kreuz und quer vor allem durch Mecklenburg-Vorpommern und Dänemark, um Anregungen zu sammeln.

Mit der ganzen Familie wurde dann der Dachboden des barocken Herrenhauses von 1728 durchstöbert und alles an Mobiliar in eine Scheune geschleppt, was zum Teil vor Generationen eingelagert worden war. Was immer zu retten war, wurde in der Tischlerei des Gutes in zum Teil mühseliger Kleinarbeit restauriert. Sessel und Sofas wurden neu bezogen – und schmücken nun in einer Mischung aus Alt und Neu, ergänzt um stilvolle Stücke aus Frankreich und Belgien, die Zimmer und Aufenthaltsräume des kleinen Hotels. Eröffnung feierte das Haus im Frühjahr 2010; es wurde noch um einen Saunabereich ergänzt. In Sommer 2011 wird das Haus um einen Seminarbereich erweitert.

Hahn Heinrich wird künftig mehr Hennen zu kommandieren haben, weil mehr Eier gebraucht werden. Denn zu den zehn Zimmern sind noch elf weitere in der anderen Hälfte des riesigen Torhauses hinzugekommen – auch diese bestückt mit aufgearbeiteten Möbel-Schmuckstücken aus dem gräflichen Fundus.

Helge Sobik

ADRESSE

Pronstorfer Torhaus
Gutshof 1
23820 Pronstorf
Tel. 04553/995 95 00
Fax 04553/995 95 29
info@PronstorferTorhaus.de
www.pronstorfertorhaus.de

PREISE

EZ 120 bis 160 Euro
DZ 150 bis Euro
Familienzimmer 150 bis 250 Euro
Junior-Suite 140 bis 190 Euro

EC- und Kreditkartenzahlung möglich

BESONDERHEITEN

Frühstücksraum und Rezeption mit Kamin; Tennisplatz im Gutspark; Fahrräder stehen gratis zur Verfügung; 12 Golfplätze im Radius von 30 Kilometern

Schleswig-Holstein Musik Festival auf dem Gutsgelände, an Himmelfahrt traditionelles Kutschenturnier

FAMILIENPUNKTE

Familienzimmer mit Kinderempore; Spielplatz und Streicheltiere (Kaninchen und Meerschweinchen); zehnminütiger Fußweg zur Badestelle am Wardersee; Karl-May-Festspiele in der Nähe

BIO-HOTEL KENNERS LANDLUST

EINS MIT DER NATUR

Bei geführten Wanderungen entdecken die Gäste von „Kenners Landlust“ die Faszination des Waldes.

Geheimnisvoll und ein wenig düster klingt die Anschrift von Norddeutschlands erstem Biohotel: Dübbekold in der Göhrde. Das ist ein kleines Bachtal in Niedersachsens größtem Waldgebiet, wo einst welfische Herzöge und deutsche Kaiser ihre glanzvollen Hofjagden veranstalteten. „Inszenierten“, präzisiert Kenny Kenner, Inhaber und Namensgeber der Ökopension, der seine Gäste einmal pro Woche durch den Staatsforst führt, in dem Rotwild, Mufflons und Wildschweine zu Hause sind.

Der kleine Ort Dübbekold ist das Tor zum widerstandserprobten Wendland und ein lebendiger Treffpunkt: Auf dem letzten Kilometer vor „Kenners LandLust“ passiert man ein Bildungszentrum, die Forstverwaltung und ein Waldmuseum, bis man vor einem lehmgelben Fachwerkhaus mit einem modernen Anbau landet. Spätestens der Blick von der Terrasse über die blumenbedeckte Wiese und das weite Tal von Dübbekold lässt aufatmen: Hier könnte man neue Wurzeln schlagen.

Genau dieses Gefühl hatten Barbara und Kenny Kenner, als sie vor vielen Jahren den alten Heidebauernhof besichtigten, der zum Verkauf stand. „Der Ort überzeugte, und mit ihm stand auch das Konzept – der Umbau zur Ökopension mit kontrolliert ökologischem Wareneinsatz, hellen Gemeinschaftsräumen und sonst noch reichlich Platz zum Wohlfühlen“, erklärt Kenny Kenner. 22 Zimmer, darunter zwei Ferienwohnungen und sieben Familienzimmer mit getrennten Eltern- und Kindschlafzimmern, hat das Haus, das als erstes norddeutsches Hotel die Richtlinien des österreichischen Vereins der Biohotels erfüllte.

Der moderne Anbau beherbergt unter anderem das Kinderspielzimmer für die Kleineren sowie einen Raum für die größeren Kids mit Büchern, Spielen und Kicker sowie die großzügige Teeküche, die jederzeit kostenlos allen Gästen offensteht. „Sie ist unser Kommunikationszentrum“, sagt Kenner. An schönen Tagen zieht es die Erwachsenen raus auf die Terrasse, die Kinder auf die große Spielwiese vor dem Essraum oder in die „Waldzeit“, ein Betreuungsangebot von 12–20 Stunden pro Woche sowohl für Kleinkinder als auch für Kinder von 3–12 Jahren in den Ferienzeiten. Bei dem

Naturerlebnisprogramm locken ein Camp im Wald, gemeinsam werden Tierspuren, Bäume und Pflanzen erkundet. Für anschließende Familienausflüge empfehlen Kenners gern interessante Ziele und verleihen Fahrräder oder Wanderkarten. Am Ende des Tages treffen sich alle beim Büfett. „Jeden zweiten Tag gibt es Fleisch und einmal die Woche Fisch aus ökologischer Aquakultur", erklärt Barbara Kenner. Darunter versteht man die Fischzucht in naturbelassenen Gewässern nach festgelegten ökologischen Kriterien. „60 Prozent der Lebensmittel kaufen wir in einem Umkreis von 40 Kilometern ein", betont die Küchenchefin. Sie fachgerecht zuzubereiten kann man auch vom „Kenner" lernen: Der Hauskoch bietet mehrmals im Jahr „Kochlust-Wochen" an.

Ökologisch denken und handeln ist eins für die Familie Kenner, die ihre Wurzeln in der Anti-Atom-Bewegung um Gorleben hat. Daher nutzen sie auch zwei biogasbetriebene Opel Zafira im Car-Sharing; die beiden Siebensitzer stehen gegen Entgelt auch den Gästen für Ausflüge zur Verfügung.

Deike Uhtenwoldt

ADRESSE

Bio-Hotel Kenners Landlust
Dübbekold Nr. 1
29473 Göhrde
Tel. 05855/97 93 00
Fax 05855/97 93 02
info@kenners-landlust.de
www.kenners-landlust.de

PREISE

EZ 56 bis 56 Euro
DZ ab 96 Euro
Familienzimmer ab 53 Euro pro Person/Nacht

EC- und Kreditkartenzahlung möglich

BESONDERHEITEN

Geführte Wanderungen; Bioküche; Kreativzeiten mit Mal- und Bastelangeboten und Lesungen; Naturkosmetik- und Shiatsu-Behandlungen sowie (Klang-)Massagen

FAMILIENPUNKTE

Kinderbetreuung „Waldzeit“ für Kleinkinder außerhalb und für größere Kinder während der Ferienzeiten; viele Spielmöglichkeiten; Kaninchengehege

BURGHOTEL HASELÜNNE

ZWEI ADELSHÄUSER IM EMSLAND

Wo sich früher höfisches und kaufmännisches Leben abspielte, kann man heute residieren.

Eigentlich wollte sie ja immer weg aus dem Emsland, sagt Anja Lammers. Darum habe sie seit ihrem 17. Lebensjahr in der Gastronomie und im Hotelfach gelernt und gearbeitet. Das Emsland im Nordwesten, unterhalb Ostfrieslands kurz vor der niederländischen Grenze, war schon immer eine eher abgelegene Region. Inzwischen ist Anja Lammers seit 2009 Mitglied der Geschäftsleitung des „Burghotels" in Haselünne – den Reizen des Emslandes verfallen; gerade dessen relative Abgeschiedenheit lockt mehr und mehr Besucher. Vor allem Familien schätzen die idyllische Landschaft und die ursprüngliche Natur mit ihren vielen Freizeitmöglichkeiten. „Hier gibt es eigentlich nichts, was man nicht tun könnte", versichert die Hotelchefin lachend. „Nur ein Strand, der ist ziemlich weit weg." Dafür entschädigen jedoch ein Freibad und ein Hallenbad sowie das weitläufige Naturschutzgebiet Wacholderhain, in dem man wandern oder Kajak und Kanu fahren kann. Auch passionierte Reiter, Golfer oder Tennisspieler kommen hier auf ihre Kosten.

Das Burghotel organisiert für die Hausgäste zudem Radtouren durch Wälder, Felder und Wiesen – besonders Ausdauernde erwartet ein 265 Kilometer langer Radwanderweg durch die faszinierende Flusslandschaft.

Haselünne ist hier die älteste Stadt, urkundlich erwähnt bereits anno 1220. Zwei der historischen Gebäude sind – aufwendig renoviert – seit einigen Jahren zum Burghotel vereint: zum einen das „Haus Monnich“, ein historischer Hof, benannt nach einem Freiherrn von Monnich, der 1346 in den Annalen der Stadt genannt wird. Dazu kommt das „Haus Russell“, ein Palais aus dem Jahre 1546. Beide Häuser sind durch einen unterirdischen Gang verbunden – ganz nach Art einer alten Burg. Vom stilvoll integrierten modernen Komfort abgesehen, haben beide Häuser mit ihren Salons, Treppenaufgängen und Stilelementen die Atmosphäre honoriger Adelshäuser behalten. Insgesamt bietet das Burghotel 30 Zimmer und zwei Suiten. Kinder sind gern gesehene Gäste: Sie finden es spannend, in Kuppelsaal, Hansekontor oder Ritterdiele Geschichte hautnah zu erleben. Das vielseitige, opulente Frühstücksbüfett kann man im kleinen Saal unter der Glaskuppel genießen. Snacks und kleinere rustikale Gerichte werden abends in der „Burgschänke" des Nachbarn „Jagdhaus Wiedehage" serviert. Der Küchenmeister von nebenan hat sich einen hervorragenden Ruf erkocht. Das „Jagdhaus" kultiviert eine anspruchsvolle, frische Landküche auf hohem Niveau und hat für Burghotel-Gäste immer einen Tisch frei.

Auch an reizvollen Ausflugszielen in der Umgebung mangelt es nicht: In Papenburg etwa kann man die Meyer-Werft besichtigen oder in Haselünne das Freilicht- und Heimatmuseum mit seinen über 200 Jahre alten restaurierten Häusern erkunden. Auch Fahrten mit der Landauer Kutsche, dem historischen Dampfzug oder eine Draisinentour sind besondere Erlebnisse. Am Ende des Aufenthalts mag es dann manchem Gast so gehen wie Anja Lammers: Eigentlich möchte man hier gar nicht mehr weg.

Detlef Jens

ADRESSE

Burghotel Haselünne
Steintorstraße 7
49740 Haselünne
Tel. 05961/943 30
Fax 05961/94 33 40
info@burghotel-haseluenne.de
www.burghotel-haseluenne.de

PREISE

EZ 59 bis 74 Euro
DZ 85 bis 99 Euro
Familienzimmer 138 bis
155 Euro
Suite ab 129 Euro

EC- und Kreditkartenzahlung möglich

BESONDERHEITEN

Historisches Ambiente; Wellnessbereich mit Sauna, Dampfbad, Massagemöglichkeiten und römischem Whirlpool; Stammhausführung Brennerei Berentzen mit Rittermahl oder Landsknechtschmaus

FAMILIENPUNKTE

Wandern, Fahrrad fahren, angeln und Tretboot fahren im Naturschutzgebiet Wacholderhain; Bibersafari: Beobachtungsturm mit frei lebenden Bibern; Freizeitpark Schloss Dankern

P

FREIZEITA

Wer sich mitten in der schönsten Erholung nach Abwechslung vom Burgenbauen und Kanälegraben sehnt, freut sich vielleicht über einen Tag im Zoo, wo magische Tierpfade, Krokodilhallen und Großkatzengehege in ferne Welten entführen. Oder er taucht ab – entweder selbst, in einer Salztherme etwa, oder zwischen riesigen Aquarien in künstliche Unterwasserwelten. Auf Safari, im Vogelpark oder dem Blanken Hans trotzend – so wird aus einem Kurztrip im Handumdrehen ein spannendes Familienerlebnis.

NGEBOTE

Seite

ZOO RCSTOCK

ERLEBNIS-ZOO AN DER OSTSEE

Themenwege, Schaufütterungen, Blick hinter die Kulissen: Der Rostocker Zoo bietet n cht nur zahllose Tierarten, sondern auch spannende Möglichkeiten, ihnen nahe zu kommen und Wissenswertes über sie zu erfahren.

Im größten Zoo an Deutschlands Ostseeküste leben rund 1700 Tiere aus 250 verschiedenen Arten. Darüber hinaus ist die 56 Hektar große Park- und Waldlandschaft Heimat vieler botanischer Besonderheiten – etwa des 120-jährigen Mammutbaums, der Eichenallee und des Dahlienquartiers, zu denen auch spezielle Führungen angeboten werden. Eine schöne Tieranlage ist die der Eisbären; auch das Südamerikahaus, die Seevogelvolieren, die Krokodilhalle und das Gehege der Großkatzen sind sehenswert. Der Zoo legt Wert darauf, die Anlagen so zu gestalten, dass die Besucher den natürlichen Lebenswelten der Tiere möglichst nahe kommen. Damit auch die gefährlichsten Tiere fast distanzlos beobachtet werden können, sind viele Glasscheiben eingesetzt.

Hoch im Kurs stehen bei Kindern die Schaufütterungen und das Streichelgehege mit Zwergziegen und Lamas. Auch

Meerschweinchen und Kaninchen sind hier zu finden. Für die Eltern gibt es Bänke zum Verweilen. Gleich neben den Tieranlagen laden 17 Erfahrungsstationen dazu ein, sich spielerisch mit den Fähigkeiten der Tiere zu messen. Zoobesucher haben hier die Möglichkeit, zu balancieren wie ein Flamingo oder zu laufen wie ein Luchs. Auch das Spiel mit Impulskugeln, die Schmetterlingswiese, das Verwandlungshaus, ein Kletterwald und der Bienenwagen laden auf spannende und experimentelle Art dazu ein, die Tierwelt von neuen Seiten kennenzulernen. In Themenwegen erfahren die Besucher Wissenswertes und Unerwartetes, zum Beispiel im „Magischen Tierpfad" durch Zauberbücher oder im „Themenweg Wasser", wo man die aufregende Wanderung eines Wassertropfens verfolgen kann.

ADRESSE

Zoo Rostock
Rennbahnallee 21
(Navigationsgerät:
Barnstorfer Ring 1)
18059 Rostock
Tel. 0381/208 20
www.zoo-rostock.de

ÖFFNUNGSZEITEN

Ganzjährig, täglich
April–Oktober 9–19 Uhr
(Kassenschluss 17 Uhr)
November–März 9–17 Uhr
(Kassenschluss 16 Uhr)

EINTRITTSPREISE

Erwachsene 11,50 Euro
Kinder (3–16 Jahre) 6 Euro
Combi-Card (1 Erwachsener plus 2–3 Kinder) 21 Euro
Combi-Card (2 Erwachsene plus 2–3 Kinder) 31 Euro
Hunde 6 Euro

BESONDERHEITEN

Täglich öffentliche Tierfütterungen; Blick hinter die Kulissen und Tierpfleger auf Zeit bei Löwen, Bären, Robben; Erlebnistage und Ferienprogramme; Klassiknacht im Mai, großes Zoofest im September Zuckertüten- und Lampionfest, Taschenlampenkonzert

ZOO SCHWERIN

HIER IST TIERISCH WAS LOS

Rund 100 verschiedene Tierarten, ein sehr familienfreundliches Konzept und viele ungewöhnliche Aktionen machen den Zoobesuch zum Erlebnis.

Auf einer Fläche von 25 Hektar erstreckt sich in wunderschöner Landschaft das Areal des Schweriner Zoos, der circa 600 Tiere etwa 100 verschiedener Arten beherbergt. Eiszeitliche Endmoränen mit altem Baumbestand und eine im Zentrum liegende, drei Hektar große, naturbelassene Wasservogelanlage geben der Anlage ein unverwechselbares Erscheinungsbild. Hier haben unter anderem Pelikane, verschiedene Flamingo-, Gänse- und Entenarten ihr Zuhause. Auch mit einem großen Naturgehege für Braunbären und Wölfe, einer geräumigen Löwenanlage, dem Tigerberg, Anlagen für asiatische Rothunde und Afrikanische Wildhunde sowie einem Otterbach kann der Zoo aufwarten. Eine weitere Attraktion ist die Nashornanlage. Hier kann man die Dickhäuter im Stall besuchen – eine Besonderheit, die es so nur im Schweriner Zoo gibt. In einem direkt neben dem „Schlafzimmer der Nashörner" gelegenen Besucherraum bietet eine mit interaktiven Medien, Guckstationen und Tierpflegertelefonen ausgestattete Arche ungewohnte Einblicke in das Verhalten der Tiere. Tiere aus den Tropen und Subtropen finden ab Sommer 2011 in dem ganzjährig beheizten Südamerikahaus ein Zuhause – die Bandbreite reicht von Aras, Affen und Reptilien über Ameisenbären und Nandus bis hin zu Alpakas. Damit bietet der Zoo selbst bei schlechtem Wetter Anreiz zu einem Besuch.

Die täglichen öffentlichen Tierfütterungen in der Saison sind besonders beliebt. Neben den Bären, Giraffen und Kapuzineräffchen ziehen dabei vor allem die drolligen Humboldtpinguine viele Gäste an.

Kindern und Jugendlichen wird in der Zooschule, im Forschercamp und im Waldhaus naturkundliches Wissen vermittelt. Zusätzlich regen Sonderveranstaltungen mit bunten, zoospezifischen Programmen zu Ostern und Pfingsten zum Besuch an. Auch Sommer-, Indianer-, Schultüten- und Puppentheaterfeste werden geboten. Von März bis September finden außerdem Aktionen unter dem Motto „Tier des Monats“ statt.

ADRESSE

Zoo Schwerin
An der Crivitzer Chaussee 1
19061 Schwerin
Tel. 0385/39 55 10
www.zoo-schwerin.de

ÖFFNUNGSZEITEN

1. Februar – 31. März
tägl. 10 – 16 Uhr

1. April – 14. Oktober
Mo – Fr 9 – 17Uhr
Sa/So/Feiertage 9 – 18 Uhr

15. Oktober – 31. Oktober
Mo – Fr 9 – 16 Uhr
Sa/So/Feiertage 9 – 17 Uhr

1. November – 31. Januar
tägl. 10 – 15 Uhr

Am 24. und 31. Dezember
geschlossen

EINTRITTSPREISE

Erwachsene 8,50 Euro
Kinder (3 – 16 Jahre) 4 Euro
Familienkarte 21 Euro
Hunde 2,50 Euro

BESONDERHEITEN

Von April bis Oktober finden Veranstaltungen wie die „Dunkel-Munkel-Party", „Pinguinfest" oder „Abendsafaris" mit exklusiver Tour durch den nächtlichen Zoo statt

SALÜ SALZTHERME LÜNEBURG

HAUTFREUNDLICH ABTAUCHEN

Die Soletherme im Kurzentrum der Salzstadt Lüneburg bietet auf rund 1500 Quadratmeter Wasserfläche und in vier SaLü-Welten Spaß, Action oder Erholung.

Salziges Badevergnügen wie an der Nordsee mit bis zu vier Prozent Sole erwartet Familien in der Salztherme Lüneburg. Die großzügige Badelandschaft verfügt – verteilt auf vier unterschiedliche Erlebniswelten – über ein Außenbecken mit Geysiren, Wasserfontänen, Strömungskanal, ein Wellenbecken sowie ein Entspannungsbecken mit Unterwassermusik. Kleinere Gäste zieht es vor allem in die Kinderwelt: Hier können sie im Planschbecken toben, auf Wassertieren reiten, die 3er-Rutsche nutzen oder mit Wasserbrettern durch die Wellen surfen. Mutige freuen sich über die 90-Meter-Riesenrutsche, bei der Filmprojektionen, Licht- und Farbeffekte sowie ein „Black Hole" das Vergnügen noch erhöhen. Außerdem erwartet die jungen Badegäste ein Staudamm mit Wasserfass, ein Wasserfall und die Seeschlange „Tribolin" mit ihrer funkelnden Schatzkiste. Die Saunawelt bietet gemischtes und getrenntes Saunabaden

im mediterranen Ambiente. Von den insgesamt acht verschiedenen Schwitzräumen gehören sechs zu der gemischten Saunawelt. Die Temperaturen liegen zwischen 45 und 110 Grad Celsius. Geboten werden eine Eukalyptussauna, ein Dampfbad, eine Kaminsauna, eine finnische Aufgusssauna, eine finnische Saunastube, ein Biosaunarium, eine heiße Aufgusssauna und ein weniger heißer Schwitzraum mit Farblicht- und Aromatherapie. Eine Mitternachtssauna steht von September bis Mai an jedem ersten Freitag im Monat auf dem Programm. Aufgusspläne gibt es im Internet zum Herunterladen. Zur Saunawelt gehört außerdem ein Wellnessbereich mit individuellen Entspannungs- und Kosmetikangeboten wie Relaxarium, Muschel-Floatarium, Massage und Rasulbad. Auch ein Bistrocafé ist vorhanden.

In der Vitalwelt schließlich werden spezielle Fitnessprogramme und Bewegungskurse angeboten, beispielsweise für Schwangere, Senioren, Frauen sowie Kinder verschiedener Altersstufen.

ADRESSE

SaLü Salztherme Lüneburg
Uelzener Str. 1–5
21335 Lüneburg
Tel. 04131/72 30
www.salue.info

ÖFFNUNGSZEITEN

Mo–Sa 10–23 Uhr
So/Feiertage 8–21 Uhr

EINTRITTSPREISE

Erwachsener 7,90 Euro (2 Stunden), 12,50 Euro (Tageskarte)
Kinder (4–16 Jahre) 4,90 Euro (2 Stunden), 8 Euro (Tageskarte)

BESONDERHEITEN

Wechselnde monatliche Aktionen in der Bade- und Sauna-/ Wellnesswelt

Auch Kindergeburtstagsfeiern sind möglich (3 unterschiedliche Pakete zur Auswahl)

SEA LIFE TIMMENDORFER STRAND

REISE IN DIE ATEMBERAUBENDE UNTERWASSERWELT

Im „Sea Life Timmendorfer Strand“ kann man die Schönheit verschiedenster Gewässer entdecken und viel Wissenswertes über Wasserbewohner erfahren.

Mehr Wasser geht nicht: Direkt an der Ostsee gelegen, bietet das „Sea Life Timmendorfer Strand“ auf einer Fläche von 1500 Quadratmetern 33 naturgetreu und abwechslungsreich gestaltete Aquarien. Mit Tausenden von Lebewesen gewährt die künstliche Unterwasserwelt einen nahezu vollständigen Einblick in den Artenreichtum der heimischen und tropischen Gewässer.

Die spannende Reise beginnt in der exotischen „Welt der Otter“, in der Sie die beiden asiatischen Zwergotter Bonnie und Clyde in ihrem dschungelartigen Zuhause besuchen können. Der Weg führt weiter in das „Paradies der Seedrachen!“, in dem süße Seepferdchen und Seedrachen auf Sie warten. Diese Verwandten der Seepferdchen und Seenadeln heißen auch Fetzenfische und sind Meister der Tarnung. Sie beeindrucken durch ihre außergewöhnliche Gestalt und ähneln filigranen Fantasiewesen. Spazieren Sie durch den Ozeantunnel, und erleben Sie die tropischen

Meeresbewohner zum Greifen nah. Beobachten Sie Speedy, Schleswig-Holsteins einzige Meeresschildkröte, und lassen Sie sich von ihrer ruhigen Lebensart inspirieren. Lernen Sie mehr über unsere liebens- und schützenswerten Tiere! Wie gewohnt halten besonders geschulte Besucherbetreuer regelmäßig Vorträge und beantworten gern Ihre Fragen.

Ein spannender Quizpfad für Kinder bietet zusätzliche Anreize. Kommentierte Schaufütterungen, Vorträge und Präsentationen vermitteln anschaulich Wissenswertes über das Leben unter Wasser. Ein interaktives Berührungsbecken ermöglicht den direkten Kontakt mit Seesternen, Anemonen und Krabben. Ab Ostern 2011 können Sie die „Invasion der Seespinnen" bestaunen. Mit einer Spannweite von bis zu drei Metern sind die Japanischen Riesenkrabben die größte lebende Krebsart. Ihre Beine und Scherenfüße sind spinnenartig lang, weshalb sie auch als Seespinnen bezeichnet werden. Körper und Beine sind mit hakenartigen Borsten besetzt, an denen die Tiere Algen und andere Fremdkörper zur Tarnung befestigen.

Um bedrohte Arten wie Seepferdchen zu erhalten, führt Sea Life spezielle Zuchtprogramme durch. Darüber hinaus werden Projekte der internationalen Wal- und Delfinschutzorganisation WDCS unterstützt, um die Situation der gefährdeten Meeressäuger langfristig zu verbessern.

ADRESSE

Sea Life Timmendorfer Strand
Kurpromenade 5
(Navigationssystem: Höppnerweg)
23669 Timmendorfer Strand
Tel. 01805/66 69 01 01
(0,14 Euro/Min. aus dem dt. Festnetz, Mobilfunk max. 0,42 Euro/Min.)
www.sealife.de

ÖFFNUNGSZEITEN

März–Juni 10–18 Uhr
Juli–August 10–19 Uhr
September–Oktober 10–18 Uhr
November–Februar 10–17 Uhr
(Kassenschluss eine Stunde vor Ende der Öffnungszeiten)

EINTRITTSPREISE

Erwachsene 13,50 Euro
Kinder (3–14 Jahre) 9,95 Euro

BESONDERHEITEN

Einziges Großaquarium direkt am Strand

Kindergeburtstagsparty mit Schatzsuche, exklusive Betriebsausflüge oder Familienfeiern buchbar

VOGELPARK NIENDORF

EINMALIGER ARTENREICHTUM AN STÖRCHEN UND EULEN

Der einstige Geheimtipp für Vogel- und Naturfreunde ist mittlerweile ein beliebtes Ausflugsziel. Er gilt als der natürlichste Vogelpark Deutschlands.

Ganz in der Nähe der Ostsee, unweit beliebter Urlaubsziele und inmitten grüner Natur gelegen, erwartet Tierliebhaber eine besondere Sehenswürdigkeit. Die idyllische Vogelpark-Anlage befindet sich in einem natürlichen Sumpfgebiet. Schilfflächen und kleine Teiche bestimmen die Landschaft, die von dem Naturschutzgebiet Aalbeek-Niederung umgeben ist. Rund 1000 Vögel 250 verschiedener Arten leben auf einer Fläche von mehr als 70 000 Quadratmetern. Ein Wegenetz von gut zwei Kilometern führt die Besucher vorbei an Gehegen und reetgedeckten Tierhäusern. Sie offenbaren zahlreiche zoologische Raritäten, wie zum Beispiel verschiedene Kraniche und Störche. Mit 15 von insgesamt 19 existierenden Storchenarten besitzt der Park die größte Kollektion Europas.

Zudem kann man hier Reiher, Pelikane, Flamingos und andere Sumpf- und Wasservögel beobachten. Auch Papageien, Fasane, zahlreiche Hornvögel und Geier sowie die

30 Arten zählende Sammlung lebendiger Eulen, die damit zu den größten der Welt gehört, zählen zu den Attraktionen des Vogelparks.

Auf Wunsch kann man den Besuch im Vogelpark durch eine (kostenpflichtige) fachkundige Führung ergänzen. Sie dauert circa 90 Minuten, wobei auch gesondert auf Vögel verschiedener Kontinente oder Ordnungen eingegangen werden kann. Eine vorherige Buchung ist jedoch notwendig.

Zu einer kleinen Pause während des Rundgangs lädt das gemütliche Café-Restaurant des Parks ein. Inmitten von Palmen und Terrakottagefäßen kann man auf der Terrasse bei Kaffee und Kuchen dem Froschkonzert im angrenzenden Seerosenteich lauschen oder die Flamingos in ihrer schilfumsäumten Anlage beobachten.

Wer ein besonderes Andenken sucht, kann für die Dauer eines Jahres eine Futterpatenschaft abschließen oder diese verschenken – etwa für einen Andenkondor oder einen Sperlingskauz.

ADRESSE

Vogelpark Niendorf
An der Aalbeek
23669 Timmendorfer Strand/
Niendorf
Tel. 04503/47 40
Fax 04503/873 32
www.vogelpark-niendorf.de
info@vogelpark-niendorf.de

ÖFFNUNGSZEITEN

Ganzjährig geöffnet
Hauptsaison 9–20 Uhr
Nebensaison
10 Uhr – Einbruch der Dämmerung

EINTRITTSPREISE

Erwachsene 8 Euro
Kinder (3–15 Jahre) 4 Euro

BESONDERHEITEN

Kinderkarren und Bollerwagen können ausgeliehen werden

Hunde dürfen an der Leine im Park mitgeführt werden

Spezielle Winterpreise: Reduzierter Eintritt während der kalten Jahreszeit, da viele der Vögel in beheizten Tierhäusern untergebracht und nicht in ihren natürlichen Gehegen zu sehen sind

Im Winter können die Wege im Vogelpark nur bedingt von Eis und Schnee befreit werden

Der Park ist für Rollstuhlfahrer geeignet; behindertengerechte Toiletten sind jedoch nur auf einem nahe gelegenen Großparkplatz vorhanden

HANSA-PARK

DEUTSCHLANDS EINZIGER ERLEBNISPARK AM MEER

Einzigartige Mischung aus Natur, Park, Geschichte und preisgekrönter Action direkt am Meer.

Deutschlands einziger Familien- und Themenpark am Meer ist mehr als nur ein einfacher Freizeitpark. Er hat eine Seele. Denn es wird eine Geschichte erzählt, wie sie nur im „Hansa-Park" direkt an der Ostsee und in der Lübecker Bucht präsentiert werden kann – eine Geschichte aus dem Mittelalter, eine Geschichte von Handel und Schifffahrt, von Freiheit und Abenteuer, eine Geschichte, die zum Mythos wurde, die aber immer noch lebendig ist: die „Hanse in Europa". Der Park versinnbildlicht jedes Jahr Stück für Stück mehr seinen Namen – und das macht ihn auf der Welt einzigartig.

Natürlich bietet Hansa-Park mit seinen elf liebevoll inszenierten Themenwelten, den spektakulären Liveshows und über 125 einmaligen Attraktionen, davon 36 Fahrattraktionen, für mehrere Tage genug Freizeitspaß für die ganze Familie. Und das auf höchstem Qualitätsniveau. So wurde er als erster Freizeitpark Deutschlands mit dem Gütesiegel „OK für Kids" des TÜV Nord nach den strengen Kriterien des Deutschen Kinderschutzbundes ausgezeichnet.

In Norddeutschland ist diese objektive Qualitätsauszeichnung bisher unübertroffen. Ausgezeichnet sind auch die Fahrattraktionen wie der „Fluch von Novgorod“. Er hat zahlreiche internationale und nationale Preise erhalten wie den „Parkscout European Jury Award“ 2009/2010 in der Kategorie „Beste Neuheit Europas“ sowie den besonders begehrten FKF-Award 2010.

In der Saison 2011 dreht sich im Hansa-Park mit der neuen Achterbahn „Die Schlange von Midgard“ alles um Kinder- und Familienspaß. Der neue Rollercoaster entführt seine Fahrgäste in die Sagenwelt der Wikinger. Wieder wird eine spannende Geschichte erzählt. Der neue Coaster wird die sechste Achterbahn des Themenparks und ab einem Meter Körpergröße zu erleben sein. Herausragend ist auch das riesige Showangebot: Die Varieté-Show „City Dreams“, die Seelöwen-Show im Wasserzirkus, eine Multimedia- und Special-Effect-Show, eine lustige Mitmach-Show mit den Comicfiguren auf der Freilichtbühne, ein atemberaubendes Kinoerlebnis in 4-D, die größte Parade Norddeutschlands und Musikbands verzaubern die Gäste atemnah und live. Das ist der Hansa-Park: eine bunte Wundertüte für die ganze Familie aus Gefühlen, Erinnerungen, Fantasie und Action.

ADRESSE

Hansa-Park
Am Fahrenkrog 1
23730 Sierksdorf
Tel. 04563/47 42 22
www.hansapark.de

ÖFFNUNGSZEITEN

15. April – 23. Oktober 2011
9 – 18 Uhr

Herbstzauber (8. – 23. Oktober 2011) 9 – 21 Uhr

EINTRITTSPREISE

Erwachsene 30 Euro
Kinder (4 – 14 Jahre) 24 Euro
Besucher ab 60 Jahre 24 Euro

BESONDERHEITEN

Ausstellungen und wechselnde Shows (wie Multimedia- und Special-Effect-Show, Hansa-Park-Parade, Varieté) für die ganze Familie auf unterschiedlichen Bühnen; interaktive Spielattraktionen in vier Themenbereichen speziell für kleinere Kinder (1 – 6 Jahre)

Der Besuch im Freizeitpark ist mit einem Aufenthalt im Hansa-Park Resort kombinierbar; es können verschiedene Ferienhaustypen direkt an der Ostsee gebucht werden

2007/2008, 2008/2009 und 2009/2010 erhielt der Hansa-Park den „Parkscout Award" für das beste Preis-Leistungs-Verhältnis aller Freizeitparks in Deutschland

MEERESZENTRUM FEHMARN

HAIE HAUTNAH ERLEBEN

In einem der größten Aquarien Europas kann man Haie und andere Meerestiere fast hautnah erleben.

Das Meereszentrum Fehmarn wartet mit Superlativen auf – etwa einem Eintrag ins „Guinnessbuch der Rekorde" als größtes tropisches Aquarium Deutschlands seit 1998. Besuchern bieten sich hier vier Millionen Liter Wasser, 5000 Quadratmeter Fläche und Tausende tropischer Meerestiere aus der ganzen Welt. In den vergangenen Jahren wurde der eigene Rekord noch übertroffen: Durch den Ausbau der Aquarien um das Fünffache zählt die Meerwasseranlage heute zu den größten Europas.

Dabei zeigt das Zentrum nicht nur die Faszination der Meere, sondern will auch bewusst machen, wie zerbrechlich und bedroht dieser Lebensraum ist. So sind sämtliche Aquarien mit lebenden Korallen und Riffsteinen ausgestattet. Um die fantastischen Formen und die Vielfalt der Arten zu entdecken, sollte man mindestens eine Stunde für den Rundgang einplanen.

Den Besuchern erschließen sich geheimnisvolle Unterwasserwelten – etwa der zehn Meter lange unterirdische

Acrylglastunnel im Riffbecken. Umgeben von 400 000 Liter Meerwasser kommt man hier Rochen, Riesenzackenbarschen und Hunderten Schwarmfischen zum Greifen nah.

Neben zahllosen weiteren Meeresbewohnern wie Seesternen, lustigen Nemos, giftigen Stein- und Feuerfischen sowie geheimnisvollen Muränen zählen vor allem Haie zu den Attraktionen des Aquariums. Die Räuber der Meere herrschen in einem drei Millionen Liter fassenden Riesenozean – darunter eine stattliche Sandtigerhaidame, die hier zusammen mit einem Zitronenhai sowie Ammen- und Schwarzspitzenriffhaien lebt. Diese unterschiedlichen Arten kann man gut geschützt durch dickes Acrylglas aus unmittelbarer Nähe beobachten.

Um über das Leben des Jägers zu informieren, der immer mehr selbst zum Gejagten wird, hat das Meereszentrum eine faszinierende Ausstellung konzipiert. Zudem setzt es sich gemeinsam mit der weltweiten Haischutzorganisation „Shark Project“ für den Erhalt der bedrohten Tierart ein.

ADRESSE

Meereszentrum Fehmarn
Gertrudenthaler Straße 12
23769 Burg auf Fehmarn
Tel. 04371/44 16
Fax 04371/876 79
kontakt@meereszentrum.de
www.meereszentrum.de

ÖFFNUNGSZEITEN

November – Februar 10 – 17 Uhr
März – Mai 10 – 18 Uhr
Juni – August 10 – 19 Uhr
September – Oktober 10 – 18 Uhr

EINTRITTSPREISE

Erwachsene 10 Euro
(9 Euro in Begleitung eines zahlenden Kindes)
Kinder (4 – 15 Jahre) 6,50 Euro

BESONDERHEITEN

Hunde sind im Gebäude nicht erlaubt (Hundeboxen im Außenbereich stehen während der Besuchsdauer kostenlos bereit)

AQUA TROPICANA DAMP

SÜDSEETRÄUME IM NORDEN

In dem subtropischen Badeparadies an der Ostsee herrscht bei jedem Wetter Sonnenschein.

Rein ins Wasser: Ein Hauch von Karibik bietet das „Aqua Tropicana Damp“ im Ostseebad Damp. Familien, die einen aktionsreichen Urlaubstag an der Ostsee verbringen möchten, erwartet hier eine reizvolle Erlebniswelt mit vielen Attraktionen für große und kleine Wasserratten. Mit einer Wassertemperatur von 31 Grad Celsius sowie einer Lufttemperatur von 29 Grad Celsius bietet das Badeparadies unter seiner UV-Licht-durchlässigen Kuppel subtropisches Flair – selbst bei schlechtem Wetter oder in der kalten Jahreszeit. Originelle Details wie echte Bananenstauden, lagunenblaues Wasser, ein eigener Wasserfall und sogar eine versteckte Grotte tragen zusätzlich zu einer entspannten Urlaubsatmosphäre bei. Wer sich traut, nutzt die 70 Meter lange Superrutsche oder – gleich zu mehreren – die 7 Meter lange Breitrutsche. Für die ganz Kleinen gibt es ein eigenes flaches Becken mit Ananashaus, etwas Größere können schwimmen lernen und ihren „Seepferdchen“-Schein machen. Entspannung für Erwachsene bieten der Whirlpool, komfortable Ruheliegen und Solarien. Ausdauernde schwimmen gegen den Strömungskanal an. Da so viel Action und Spaß bekanntlich hungrig machen, gibt es zudem eine Snackbar mit kleinen Gerichten. Im Anschluss kann man noch am echten, vier Kilometer langen Ostseestrand spazieren gehen, Damp per Leihfahrrad erkunden oder den Tag in einem der verschiedenen Restaurants ausklingen lassen. Für eine Urlaubsverlängerung sorgt das Ostseehotel oder eines der Ferienhäuser.

ADRESSE

Aqua Tropicana Damp
Seeuferweg 10
24351 Damp
Tel. 04352/80 85 80
www.damp-urlaub.de/ostsee-freizeitwelt/aqua-tropicana.html

ÖFFNUNGSZEITEN

Hauptsaison
(18. April – 6. Mai,
27. Juni – 2. September,
10. Oktober – 23. Oktober 2011)
täglich 10–20 Uhr

Nebensaison
(1. Januar–17. April, 7. Mai–26. Juni,
3. September–9. Oktober,
24. Oktober–31. Dezember 2011)
Sa–Do 10–18 Uhr, Fr 10–20 Uhr

EINTRITTSPREISE

Erwachsene 6 Euro
Kinder (3–12 Jahre) 5 Euro
Kinder (0–3 Jahre) frei
(Preise für 3 Stunden/
jede weitere Stunde 2 Euro)

BESONDERHEITEN

Mehrmals im Jahr finden nachmittags besondere Aktionen statt, etwa die „Badeparty mit Aqua-Disco-Cool im Pool“ oder jeden Dienstag und Freitag interessante Pflanzenführungen

STURMFLUTENWELT »BLANKER HANS«

MIT DER RETTUNGSKAPSEL AUF ENTDECKUNGSFAHRT

In der multimedialen Erlebniswelt in Büsum lässt sich die Naturgewalt einer Sturmflut erleben – gefahrlos und informativ.

Von der im wellenförmigen Gebäude hinter dem Büsumer Hafen gelegenen Gaststätte „Zum Deichgrafen“ geht es gleich auf eine 300 Meter lange atemberaubende Entdeckungsfahrt mit der Rettungskapsel. Multimedial begleitet von zahlreichen Simulationen erleben die Besucher hier von allen Seiten und mit allen Sinnen, warum die Nordsee Blanker Hans genannt wird. Greifbare Erfahrung und spielerisches Lernen durch interaktive Angebote stehen dabei in der Büsumer Sturmflutenwelt im Vordergrund – ein Konzept, das Besucher jeden Alters anspricht. So geht man beispielsweise – von einem Schauspieler begleitet – auf Zeitreise in das Jahr 1962, die Nacht der großen Flut. Eine Fahrt mit der Sturmflutrettungsbahn verdeutlicht im Anschluss die Kraft der Nordsee und die Gefahr eines Deichbruchs. Eindrücke, die in der „Offshore-Forschungsstation“ noch vertieft werden: Hier erfahren die Besucher auf unterhaltsame Weise Interessantes über die Naturgewalt der Sturmfluten,

erweitern ihre Kenntnisse über Wetter, Klima und Küstenschutz und können am Windkanal sogar die abstrakte Größe eines Orkans der Stärke zwölf mit eigener Hand „erfassen“.

Zeitzeugenberichte und viele Exponate im „Archiv des Wissens“ bringen real Erlebtes näher und sorgen für Authentizität. Bei aller Intensität der Eindrücke geht jedoch kein Besucher im Strom der Gefühle und Erlebnisse unter, das interaktive Konzept wird stets pädagogisch begleitet.

Eine für das Frühjahr 2011 geplante Sonderausstellung will Piraten und Freibeuter erlebbar machen und Geschichten von den sieben Weltmeeren erzählen. Besucher können dann ein Piratenschiff entern und auf rund 25 Metern in verschiedenen Schiffsräumen wie Kapitänskajüte, Munitionslagerraum, Mannschaftsquartier und Kombüse ausprobieren, wie es sich als Pirat lebt, oder sich über historische Hintergründe informieren.

ADRESSE

Sturmflutenwelt „Blanker Hans“
Dr.-Martin-Bahr-Straße 7
25761 Büsum
Tel. 04834/90 91 35
www.blanker-hans.de

ÖFFNUNGSZEITEN

April – Oktober
tägl. von 10 – 18 Uhr
(letzter Einlass eine Stunde vor Schließung)

Winteröffnungszeiten unter www.blanker-hans.de

EINTRITTSPREISE

Erwachsene 10 Euro
(mit Gästekarte 9 Euro)
Kinder (4 – 15 Jahre) 7 Euro
Familienkarte 29 Euro
(mit Gästekarte 25 Euro)

BESONDERHEITEN

Preisermäßigung beim Kauf des „Spar-Welle“-Kombitickets für den Eintritt im „Blanken Hans“ sowie für eine Schifffahrt des Partnerunternehmens Reederei Rahder

Der Besuch der Sturmflutenwelt „Blanker Hans“ ist mit einer geführten Wattwanderung durch das Unesco-Weltnaturerbe Wattenmeer kombinierbar

VIEL VERGNÜGEN BEI JEDEM WETTER

Spielspaß bei jedem Wetter: Der Familienpark wartet mit Streichelzoo und zahllosen Freizeitmöglichkeiten für drinnen und draußen auf.

Hier hat Langeweile keine Chance: Fahrvergnügen mit Spaßmobilen oder Ufos, 25 unterschiedliche Spielplätze, eine Gondelbahn und jede Menge Tiere machen den 70 000 Quadratmeter großen Freizeitpark vor allem für Kinder zum besonderen Erlebnis. Über 30 verschiedene Tierarten sind hier zu Hause; die meisten der Vierbeiner können gestreichelt und gefüttert werden – wie zum Beispiel die große Ziegenherde. Auch viele Vogelarten gibt es zu entdecken. Zahlreiche Schautafeln und ein landwirtschaftliches Museum vermitteln darüber hinaus Wissenswertes rund um das Leben auf einem Bauernhof.

Zu den zahllosen Highlights für große und kleine Gäste zählen Abenteuerspielplätze, die „Jungle-Bounce"-Hüpfburg, ein Geschicklichkeitsparcours und Wasserspiele. Auch Ponyreiten wird angeboten. Gleich zwei Indoor-Spielhallen warten mit Spaß und Action selbst bei schlechtem Wetter auf – etwa beim „Bull-Ricing", Autoscooterfahren oder

beim Erklimmen einer Kletterwand. Eine davon ist vor allem für kleinere Kinder gedacht – sie finden hier altersgerechte Spielgeräte wie zum Beispiel eine Mini-Formel-eins-Bahn, Bälle oder ein Strohbad.

Auf dem weitläufigen Außengelände locken weitere Attraktionen wie Family-Gokarts, Autoscooter, Karussells, E-Motorräder, Trikes- und Wackelräder oder Kiddy-Bobs. Auch auf dem Wasser wartet Fahrspaß pur – in kleinen Teichen und Seen kann man mit Tretbooten und kleinen Elektromotorbooten fahren oder einen Rutsch mit dem „Kiddy-Boot" riskieren. Gelegenheit zur Erkundung des Parks von oben bietet eine Seilbahn. Auch eine gemütliche Parkbahn lädt zum Mitfahren ein. In der Hauptsaison sorgt zudem die Puppenbühne „Krefft" für Unterhaltung.

Im Restaurant „Land & Leute" kann man sich auf vielen Sitzgruppen oder in Strandkörben ausruhen oder nebenan eine Runde Minigolf spielen. Zudem gibt es eine Kaffeeterrasse und einen Grillplatz.

ADRESSE

Land & Leute Familienpark
Wehren 1
25764 Oesterwurth
Tel. 04833/29 29 oder 23 86
www.land-und-leute-park.de

ÖFFNUNGSZEITEN

17. April – 30. Oktober 2011
tägl. 10 – 18 Uhr
(Einlass bis 16 Uhr)

EINTRITTSPREISE

Erwachsene 9 Euro
(inkl. Tasse Kaffee)
Kinder (ab 3 Jahre) 9 Euro
Familienkarte (2 Erwachsene, 2 Kinder) 33 Euro
jedes weitere eigene Kind 7 Euro

BESONDERHEITEN

Streichelzoo (30 verschiedene Tierarten); 2 Indoor-Spielhallen; Kindergeburtstagsfeiern sind möglich (3 unterschiedliche Pakete zur Auswahl)

CENTER PARCS NORDSEEKÜSTE/AQUA MUNDO

WASSERVERGNÜGEN UND SPORTSPASS

In dem Spaßbad kommen vor allem Wasserrutschen-Fans auf ihre Kosten. Zudem werden eine Saunalandschaft, Sportmöglichkeiten und Live-Unterhaltung geboten.

Wasserspaß trotz schlechten Wetters? Das überdachte Erlebnisschwimmbad „Aqua Mundo" bietet auch an kühleren Tagen Urlaubsgefühle bei subtropischem Klima. Luft- und Wassertemperaturen von 29 °Celsius, Pflanzen aus Sansibar und die passende Originaldekoration versetzen Badefans direkt von der Nordsee in südliche Gefilde. Auf vier Ebenen mit insgesamt 4000 Quadratmeter Fläche finden Schwimm- und Wellnessbegeisterte alles, was das Herz begehrt: ein Wellenbad, einen integrierten Whirlpool, Stromschnellen, Sprudelliegen und verschiedene Wasserrutschen mit bis zu 96 Meter Länge. Besonderes Highlight im Aqua Mundo ist die Wildwasserbahn „Crazy River", auf der man in einem Kanal auf einem riesigen Reifen hinabsausen kann. Bei Sonnenschein lockt der Außenbereich: Wer seine Bahnen gern im Freien schwimmt, findet hier ein großes Becken sowie eine Liegewiese zum Relaxen.

Für die Jüngsten gibt es ein Babybecken mit Minirutsche. Auch Babyschwimmkurse sind möglich. Wer zusätzliche sportliche Herausforderungen im Wasser sucht, kann an Kursen wie „Aqua Fitness“ oder „50 + Aqua Fit“ teilnehmen – die Angebote sind im Eintrittspreis enthalten. Zur anschließenden Erholung lädt die großzügige Saunalandschaft mit ihrem orientalischen Ruheraum ein. In einer Umgebung wie aus 1001 Nacht kann man Dampfbäder und Saunagänge von 70–90° Celsius genießen oder auf den Sonnenliegen am Außenbecken entspannen. Mit der Super-Kombikarte lassen sich ein Besuch von Aqua Mundo und Sauna kostengünstig verbinden.

Auch fürs leibliche Wohl ist gesorgt: Im Café des Bades werden kleine Speisen und Getränke angeboten.

ADRESSE

Center Parcs Nordseeküste/
Aqua Mundo
Strandallee 36
26969 Tossens
Tel. 04736/92 80
www.tagesausflugcenterparcs.de/

ÖFFNUNGSZEITEN

So–Do 10–20 Uhr
Fr–Sa 10–21 Uhr
Happy Hour: Di–Do ab 17 Uhr,
Fr + Sa ab 18 Uhr

EINTRITTSPREISE

Erwachsene 18 Euro/Tag,
14 Euro/3 Stunden,
10 Euro/Happy Hour

Kinder (3–12 Jahre) 11 Euro/Tag,
9 Euro/3 Stunden,
5 Euro/Happy Hour

BESONDERHEITEN

Aktivitäten wie Babyschwimmen, Aquarobics und 50+ Aqua Fit sind im Eintrittspreis enthalten; günstigere Kombikarten bei gleichzeitigem Besuch von Schwimmbad und Sauna

TREETREK

KLETTERPARCOURS IN SCHWINDELERREGENDER HÖHE

Auf naturbelassener Waldfläche in Bad Bevensen kann man Norddeutschlands spannendstes Hochseilgarten-Kletterabenteuer erleben – stets gut gesichert.

Wer ganz hoch hinaus möchte, ist im TreeTrek richtig: Auf einer 64 000 Quadratmeter großen naturbelassenen Waldfläche kann man auf einer Höhe zwischen drei und zehn Metern einen Kletterparcours verschiedenster Schwierigkeitsgrade bezwingen – ein unvergessliches Naturerlebnis. Ziel von TreeTrek ist es, eine sinnliche Reise durch den Wald zu ermöglichen und ihn aus einer neuen Perspektive zu zeigen. Auf einer Länge von einem Kilometer bieten sich dem Kletterer fünf fantastische Abschnitte und mehr als 30 kunstvoll zugeschnittene Plattformen. Die Teilbereiche des Parcours bauen aufeinander auf und werden im Verlauf stetig höher und anspruchsvoller. Auf den einzelnen Abschnitten erwarten die Abenteurer mehr als 40 Elemente wie zum Beispiel Holzbrücken, Schaukelkonstruktionen oder Netze. Insgesamt mehr als 500 Meter Seilbahnen führen in immer wieder neue Ecken des Waldes und bereiten ein unvergessliches, circa zwei Stunden dauerndes Erlebnis in schwindelerregender Höhe. Dabei gilt es auch, eigene Grenzen zu überwinden und neue Fähigkeiten zu entdecken. Bevor es auf den Parcours geht, gibt es eine intensive Einweisung von einem Trainer, der auch die Bewältigung des ersten Abschnitts beobachtet. Begleiter, die nicht klettern möchten, haben die Möglichkeit, die Abenteurer auf einem Waldpfad zu begleiten.

Um den Kletterpfad bewältigen zu können, muss man kein durchtrainierter Sportler sein; eine durchschnittliche körperliche Fitness reicht aus. Besucher, die klettern möchten, müssen mindestens zehn Jahre alt und 1,40 Meter groß sowie maximal 120 Kilo schwer sein. Auch hinsichtlich der Kleidung gibt es einige Anforderungen: Sie sollte bequem sein und ruhig schmuddelig werden dürfen. Die Taille muss von der Kleidung bedeckt sein; Piercings sollten entfernt werden. Feste geschlossene Schuhe sind unbedingt erforderlich.

Um Eingriffe in die Natur zu vermeiden, wurde der Kletterparcours sorgsam an die vorhandenen Gegebenheiten des Waldes angepasst.

ADRESSE

TreeTrek
Alter Mühlenweg 1b
29549 Bad Bevensen
Buchungstelefon 0700/87 33 87 35
(0,12 Euro/Min.)
www.treetrek.de

ÖFFNUNGSZEITEN

20. März – 31. Oktober
Do – So für alle Kletterwütigen
Di + Mi für Gruppen ab 20 Personen
Mo geschlossen

Eine Anmeldung ist immer erforderlich

EINTRITTSPREISE

Erwachsene 20 Euro
Kinder (10 – 17 Jahre) 15 Euro
Familienpreis (ab 2 Erw., 2 Kinder)
Erwachsene 18 Euro
Kinder 14 Euro

BESONDERHEITEN

Minderjährige dürfen nur in Begleitung eines mitkletternden Erwachsenen in die Bäume. Ein Erwachsener darf maximal drei Jugendliche und/oder Kinder begleiten

Der anspruchsvolle Parcours ist erst für Kinder ab 10 Jahren geeignet. Da das Erreichen des Sicherungssystems eine bestimmte Körpergröße erfordert, müssen Kletterer mindestens 1,40 m groß sein. Eine Begrenzung nach oben hin wird nicht vorgeben. Das eingesetzte Sicherungssystem ist besonders gut geeignet für Personen bis 1,90 m Körpergröße

WELTVOGELPARK WALSRODE

DIE GEHEIMNISSE DER VOGELWELT ENTDECKEN

Mit 4000 Vögeln 650 verschiedener Arten aus allen Kontinenten und Klimazonen der Erde besitzt Walsrode den weltweit größten auf Vögel spezialisierten Tierpark.

Der einzigartige Vogelpark liegt mitten in der Lüneburger Heide. Verschiedene Erlebnisanlagen in einer 24 Hektar großen Parklandschaft offenbaren zahlreiche Geheimnisse der Vogelwelt. Artgerechte Gehege und Volieren ermöglichen den Besuchern viele Berührungspunkte und neue Eindrücke. Weiteres Highlight des Parks ist die großzügig angelegte Garten- und Pflanzenwelt, in der unter anderem unzählige Dahlienarten, 70 Rosensorten und ein Rhododendrontal mit 5000 Rhododendron- und Azaleenkulturen zu bestaunen sind.

Zu den besonderen Attraktionen gehören Tropenwald-, Freiflug- und Paradieshalle, in der die gefiederten Bewohner ganz selbstverständlich die Wege der Besucher kreuzen. Die Vogelwelt ist hier einmalig, viele Vogelarten wie Seidenkuckucks, Vangas und Kurole können in keinem anderen Zoo der Welt bewundert werden. Natürlich sind auch die allseits beliebten Arten wie Pinguine, Papageien oder Adler anzutreffen – teilweise hautnah, denn der Weltvogelpark setzt einen besonderen Fokus auf den direkten Kontakt zwischen Vogel und Mensch.

Unvergessliche Momente erleben die Besucher, wenn sie selbst Vögel füttern dürfen und handzahmen Vögeln auf den Armen der Weltvogelpark-Ranger ganz nahe kommen. In der „Paradieshalle“ kann man zu jeder Jahreszeit dem Gesang tropischer Vögel lauschen. Ab 2011 empfangen hier in der australischen Vogelerlebniswelt zudem frei fliegende Lori-Schwärme die Besucher. Da sie an Menschen gewöhnt sind, ist ein direkter Kontakt zu den bunt gefiederten Tieren möglich – zumal auch Nektar und Futter bereitstehen, mit denen sie sich gern anlocken lassen. Bei Flugschauen demonstrieren gefiederte Akrobaten der Lüfte ihr Können.

In der Vogelbaby-Station kann man die Entwicklung vom Schlüpfen bis zur Aufzucht mitverfolgen. Auch ein Baumhausdorf, eine Uhu-Burg, zahlreiche Entdeckerstationen und ein riesiger Abenteuer- und Wasserspielplatz befinden sich auf dem weitläufigen Gelände. Tägliche Veranstaltungen sorgen zusätzlich für Unterhaltung – zum Beispiel eine Indoor-Tiershow sowie Schaufütterungen bei Pinguinen, Pelikanen, Eulen und Greifvögeln.

ADRESSE

Weltvogelpark Walsrode
Am Vogelpark
29664 Walsrode
Tel. 05161/604 40
info@weltvogelpark.de
www.weltvogelpark.de

ÖFFNUNGSZEITEN

19. März – 1. November
tägl. 9 – 19 Uhr
(in der dunklen Jahreszeit bis 18 Uhr)

EINTRITTSPREISE

Erwachsene 16 Euro
Kinder (4 – 17 Jahre) 11 Euro

Familienkarte
48 Euro (2 Erw. + Kinder) bzw.
32 Euro (1 Erw. + Kinder)

Zweitageskarte
(gültig an zwei beliebigen Tagen)
Erwachsene 26 Euro
Kinder (4 – 17 Jahre) 18 Euro

BESONDERHEITEN

Hunde sind im Park nicht gestattet. Kostenlose Hundeunterkünfte sind vorhanden; sie sind mit frischem Wasser und einer desinfizierten Unterlage ausgestattet (ca. 2 – 3 m groß, 1 Euro Pfand erforderlich)

SAFARI IM NORDEN

Bei einer Fahrt mit dem Auto oder im Serengeti-Bus kann man 1500 frei lebende exotische Tiere aus allen Kontinenten entdecken.

Wer ohne lange Flugreise einmal auf Safari gehen möchte, ist im Serengeti-Park richtig: Bei einer zehn Kilometer langen Fahrt mit dem eigenen Pkw oder dem Serengeti-Bus begegnet man frei lebenden Giraffen, Bisons, Nashörnern, Kamelen, Zebras, Antilopen, Löwen, Tigern, Schwarzbären, Leoparden und vielen anderen Tieren – hautnah und ohne Zäune. Empfohlen wird die Fahrt mit dem Bus; so kann man in aller Ruhe dem übermütigen Treiben der Paviane zusehen und riskiert keine Schäden am Auto. Auch Europas größter Streichelzoo mit über 200 Tieren ist hier zu finden. Wer mag, kann darüber hinaus bei einem Spaziergang durch die Affenwelt, eine große Freianlage ohne Barrieren, rund 200 Affen verschiedenster Arten beim Herumtoben beobachten. Für Kinder bis acht Jahre ist der Kinder-Affendschungel gut geeignet; Größere finden vor allem das Schimpansen-Reservat interessant, in dem täglich Fütterungen der Menschenaffen stattfinden. Übrigens: Die Tierwelt ist als Zoo

anerkannt und gilt als eine der führenden Zuchten für Elefanten und Breitmaulnashörner in Europa.

Unterschiedlichste Fahrattraktionen und Spielplätze für Kinder aller Altersstufen bieten die Freizeit- und die Wasserwelt. Zu den Highlights zählt die Aquasafari. Bei der in Europa einmaligen Tour im original Florida-Airboot fährt man durch eine abenteuerliche Flusslandschaft und landet schließlich in den Pranken von King Kong.

Auch eine Dschungelsafari ist möglich: Die Besucher erwartet eine Reise im offenen Jeep, bei der die Grenze zwischen Wirklichkeit und Spezialeffekten rasch verschwimmt. Weitere Attraktionen des Parks sind die Wildwasserbahn, Tretboote, die Riesenschiffschaukel, Breakdancer, der 17-Meter-Freefall-Tower, Enterprise, die Hängebrücke, die Wilde Maus sowie Karussells für die Kleinen. Selbst ein Abenteuer-Hochseilgarten befindet sich auf dem riesigen Freigelände.

ADRESSE

Serengeti-Park
Am Safaripark 1
29693 Hodenhagen
Tel. 05164/979 90
www.serengeti-park.de

ÖFFNUNGSZEITEN

2. April – 30. Oktober
tägl. 10 – 18 Uhr

EINTRITTSPREISE

Erwachsene 25 Euro
Kinder (3 – 12 Jahre) 20 Euro
Busführung 3,50 Euro

BESONDERHEITEN

Die Fahrt durch den Tierpark ist mit eigenem Pkw oder im Serengeti-Bus möglich; Wohnmobile werden ungern gesehen. Aus Sicherheitsgründen sind Cabrios nicht gestattet. Hunde sind bei der Fahrt im Pkw erlaubt, nicht jedoch bei der Bustour sowie in einigen Gehegen

In der Hauptsaison zweimal täglich „Todesspringer-Show" und Fütterung im Amboseli-Menschenaffen-Reservat (14 und 16 Uhr)

Urlauben wie in Afrika: Der Besuch im Serengeti-Park lässt sich auch mit einer Übernachtung in komfortablen Safari-Lodges für bis zu 5 Personen kombinieren

ADRESSLISTE FREIZEITANGEBOTE

Zoo Rostock
Rennbahnallee 21
(Navigationsgerät:
Barnstorfer Ring 1)
18059 Rostock
Tel. 0381/208 20
www.zoo-rostock.de
› Siehe Seite 260

Zoo Schwerin
An der Crivitzer Chaussee 1
19061 Schwerin
Tel. 0385/39 55 10
www.zoo-schwerin.de
› Siehe Seite 264

Wildpark Schwarze Berge
Am Wildpark 1
21224 Rosengarten-Vahrendorf
Tel. 040/81 97 74 70
www.wildpark-schwarze-berge.de

Alaris Schmetterlingspark
Zum Mühlenteich 2
Ortsteil Seppensen
21244 Buchholz in der Nordheide
Tel. 04181/364 81
www.alaris-schmetterlingspark.de

Wildpark Lüneburger Heide
Am Wildpark
21271 Nindorf-Hanstedt
(Navigationssystem: Buursod)
Tel. 04184/893 90
www.wild-park.de

SaLü Salztherme Lüneburg
Uelzener Str. 1–5
21335 Lüneburg
Tel. 04131/72 30
www.salue.info
› Siehe Seite 268

Zoo in der Wingst
Am Olymp 1
21789 Wingst
Tel. 04778/255
www.wingstzoo.de

Hagenbecks Tierpark
Lokstedter Grenzstraße 2
22527 Hamburg
Tel. 040/530 03 30
www.hagenbeck.de

Arriba-Erlebnisbad

Am Hallenbad 14
22850 Norderstedt
Tel. 040/521 98 40
www.arriba-erlebnisbad.de

Sea Life Timmendorfer Strand

Kurpromenade 5
(Navigationssystem: Höppnerweg)
23669 Timmendorfer Strand
Tel. 01805/66 69 01 01
(0,14 Euro/Min. aus dem dt. Festnetz)
www.sealife.de
› Siehe Seite 272

Vogelpark Niendorf

An der Aalbeek
23669 Timmendorfer Strand/Niendorf
Tel. 04503/47 40
www.vogelpark-niendorf.de
› Siehe Seite 276

Hansa-Park

Am Fahrenkrog 1
23730 Sierksdorf/Ostsee
Info-Tel. 04563/47 42 22
www.hansapark.de
› Siehe Seite 280

Meereszentrum Fehmarn

Gertrudenthaler Straße 12
23769 Burg auf Fehmarn
Tel. 04371/44 16
www.meereszentrum.de
› Siehe Seite 284

Tierpark Gettorf

Süderstraße 33
24214 Gettorf
Tel. 04346/416 00
www.tierparkgettorf.de

Aqua Tropicana Damp

Seeuferweg
24349 Damp
Tel. 04352/80 85 80
www.damp-urlaub.de/ostsee-freizeitwelt/aqua-tropicana.html
› Siehe Seite 288

HolstenTherme Kaltenkirchen

Norderstraße 8
24568 Kaltenkirchen
Tel. 04191/912 20
www.holstentherme.de

Wildpark Eekholt

24623 Großenaspe
(Navigationsgerät: Stellbrooker Weg, 24598 Heidmühlen)
Tel. 04327/992 30
www.wildpark-eekholt.de

Arche Warder

Langwedeler Weg 11
24646 Warder
Tel. 04329/913 40
www.arche-warder.de

Tolk-Schau

Tolk-Schau 1
24894 Tolk bei Schleswig
Tel. 04622/922
Grillhütten-Reservierung
Tel. 04622/20 84
www.tolk-schau.de

Sturmflutenwelt „Blanker Hans"
Dr.-Martin-Bahr-Straße 7
25761 Büsum
Tel. 04834/90 91 35
www.blanker-hans.de
› Siehe Seite 292

Land & Leute Familienpark
Wehren 1
25764 Oesterwurth
Tel. 04833/29 29 oder 23 86
www.land-und-leute-park.de
› Siehe Seite 296

Tier- und Freizeitpark Thüle
Über dem Worberg 1
26169 Frisoythe-Thüle
Tel. 04495/255
www.tier-freizeitpark.de

Jaderpark
Tiergartenstr. 69
26349 Jaderberg
Tel. 04454/911 30
www.jaderpark.de

Freizeitpark Lütge Land
Friesenkamp 5
26409 Wittmund-Altfunnixsiel
Tel. 04464/94 21 74
www.luetge-land.de

Center Parcs Nordseeküste/ Aqua Mundo
Strandallee 36
26969 Tossens
Tel. 04736/92 80
www.tagesausflugcenterparcs.de
› Siehe Seite 300

Magic Park Verden
Heideweg 3–7
27283 Verden/Aller
Tel. 04231/66 11 10
www.magicpark-verden.de

Wild- und Freizeitpark Ostrittrum
Rittrumer Kirchweg 29
27801 Ostrittrum
Tel. 04487/71 66
www.freizeitpark-ostrittrum.de

Celler Badeland
77er Straße
29221 Celle
Tel. 05141/951 93 50
www.celler-badeland.de

TreeTrek
Alter Mühlenweg 1b
29549 Bad Bevensen
Tel. 0700/87 33 87 35
(0,12 Euro/Min. aus dem
dt. Festnetz)
www.treetrek.de
› Siehe Seite 304

Heide-Park Soltau
Heidenhof
29614 Soltau
Info-Hotline 01805/91 91 01
(0,14 Euro/Min. aus dem
dt. Festnetz)
www.heide-park.de

Aqua Mundo Bispinger Heide
Töpinger Straße 69
29646 Bispingen
Tel. 01805/72 75 24 (0,14 Euro/Min.
aus dem dt. Festnetz)
www.tagesausflugbispingerheide.de

Snow Dome Bispingen
Horstfeldweg 9
29646 Bispingen
Tel. 05194/431 10
www.snow-dome.de

Greifvogel-Gehege Bispingen
An der Bundesstraße 209
29646 Bispingen
Tel. 05194/78 88
www.greifvogel-gehege.de

Weltvogelpark Walsrode
Am Vogelpark
29664 Walsrode
Tel. 05161/604 40
www.weltvogelpark.de
› Siehe Seite 308

Serengeti-Park
Am Safaripark 1
29693 Hodenhagen
Tel. 05164/979 90
www.serengeti-park.de
› Siehe Seite 312

Erlebnis-Zoo Hannover
Adenauerallee 3
30175 Hannover
Tel. 0511/28 07 41 63
www.zoo-hannover.de

Sea Life Hannover
Herrenhäuser Str. 4 a
30419 Hannover
Tel. 0511/12 33 00
www.sealife.de

Erse-Park Uetze
Abbeile 2
31311 Uetze
Tel. 05173/352
www.erse-park.de

Autostadt
StadtBrücke
38440 Wolfsburg
Tel. 0800/288 67 82 38
www.autostadt.de

HAMBURG FÄHRT INS GRÜNE

Einfach mal raus aus der Stadt – dieses Buch ist der perfekte Ausflugsnavigator. Ob Nord- oder Ostseeküste, romantische Seen, endlose Marschen, blühende Heide, urige Dörfer oder historische Hansestädte – Abendblatt-Reporter stellen die schönsten Regionen in Norddeutschland vor. In 31 Kapiteln zeigen sie Land und Leute, die wichtigsten Sehenswürdigkeiten und die schönsten Lokale. Reizvolle Wander- und Radtouren mit detaillierten Karten locken aktive Entdecker, unser Kinderprogramm sorgt für Familienspaß. Regen? Kein Problem, mit unseren Schietwetter-Tipps bleiben alle im Trockenen.

»ABHAUEN« MIT STIL

Es muss ja nicht gleich Tahiti sein: Zauberhafte Orte, um die ganze Welt zu vergessen, finden sich auch in der Nähe. „Kleine Fluchten" sind liebevoll eingerichtete Gasthäuser, die für Entspannung, Erholung und Gemütlichkeit sorgen und den Alltag einfach draußen lassen. In dieser Buchreihe präsentieren wir je 50 traumhaft schöne Gasthäuser, Hotels und Pensionen, die unsere Autoren besucht und bewertet haben – und von denen man viele getrost als Geheimtipp bezeichnen kann. Neben dem Buch „Kleine Fluchten" gibt es auch „Kleine Fluchten für Genießer", „Kleine Fluchten Wellness" und „Kleine Fluchten für Verliebte". Schließlich kann man gar nicht oft genug den Alltag hinter sich lassen.

Impressum

HERAUSGEBER: Hamburger Abendblatt, Claus Strunz

REDAKTIONELLE BETREUUNG: Georg J. Schulz, Meike Nieberding
PROJEKTMANAGEMENT: Olaf Schulz, Maren Wallraf
LEKTORAT: Gabriele Schönig, Andrea Wolf
VERLAGSGESCHÄFTSFÜHRUNG: Jan Bayer, Frank Mahlberg
GESTALTUNG: formlabor, Hamburg
COVERBILDER: mauritius images / Tetra Images; miss.sophie/photocase.com
BILDER: Jens Frank: S. 74–76, 78, 79; Eric Krüger: S. 77;
Knut Schulz: S. 268–271; Michael Jöhnk: S. 278/279
Wir danken allen Hotels für die Zurverfügungstellung von Bild- und Informationsmaterial.
GRAFIKEN: Map and Route GmbH & Co. KG, Nürnberg
GESAMTHERSTELLUNG: Print- und Medienproduktion Hamburg GmbH
Printed in Germany

Alle Angaben ohne Gewähr. Bitte informieren Sie sich vor Reiseantritt über die jeweils aktuellen Preise und Konditionen. Noch mehr kleine Fluchten im Internet unter: www.abendblatt.de/kleinefluchten

www.abendblatt.de

ISBN 978-3-939716-59-4